Das Clematis Jahrbuch

365 Tage Freude mit Clematis

Vorwort

Liebe Leser, liebe Gartenfreunde,
dieses Jahrbuch soll Ihnen rund ums Gartenjahr helfen, zur rechten Zeit die richtige Pflege bei Clematis anzuwenden. Wie ein Kalender ist dieses Jahrbuch in zwölf Monate nacheinander gegliedert. Clematis benötigen unterschiedliche Behandlungen zu unterschiedlichen Zeiten. Richtig behandeln heißt, mehr Freude an Clematis im eigenen Garten. Das Clematis Sortiment wird jährlich größer und mit jeder neuen Sorte wird es schwieriger den Überblick zu behalten. Besonders beim Rückschnitt ist das ein besonders wichtiges Thema! Hilfreich dabei ist die Einteilung in die drei bekannten Rückschnittgruppen. Aber was tun, wenn die Rückschnittgruppe nicht bekannt ist? Solche und ähnliche Fragen werden hier beantwortet.
Clematis sind weitaus mehr als nur Kletterpflanzen! In der Gattung 'Clematis' steckt noch sehr viel ungenutztes Potential, mit sehr vielen Facetten. Entdecken Sie neue Möglichkeiten für Ihren Garten und schaffen Sie sich ein weiteres Stück Lebensqualität.
Clematis sind vorwiegend laubabwerfende, kletternde und winterharte Gehölze.
Es gibt für den Gartenfreund in Sachen Clematis aber weitaus mehr zu finden. Unter den Clematis befinden sind auch staudenartige, strauchartige oder immergrüne Arten. Clematis sind weit verbreitet und auf fast allen Kontinenten zu finden. Meist trifft man sie in den gemäßigten Klimazonen auf unserer Nordhalbkugel an. Die meisten botanischen Arten kommen in Asien vor. Durch unzählige Kreuzungen, Züchtungen und Selektionen sind so über Jahrzehnte hinweg wahre Schatzgruben entstanden. Der hohe Zierwert einer Clematis kann viele Garten- und Terrassensituationen deutlich aufwerten. Garten ist nicht gleich Garten, das ist wohl unbestritten! Gestalten Sie ihn individueller mit Clematis.

Mit freundlichen Grüßen
Ihr Friedrich Manfred Westphal

Impressum

Autor:	Friedrich Manfred Westphal, Peiner Hof, Peiner Hag 45 25497 Prisdorf bei Pinneberg
Herausgeber:	Friedrich Manfred Westphal
Fotos:	Friedrich Manfred Westphal
Lektorat:	Beatrice Fischer, Wedel, Holstein
Zeichnungen:	Kerstin Drescher, Norderstedt
Layout und Repro:	Hermann Heinz Jensen, Munkbrarup
Druck und Produktion:	Floramedia, Deutschland GmbH, Fellbach Auf chlorfrei gebleichten Papier gedruckt

1. Auflage, 96 Seiten

ISBN ISBN 978-3-00-055446-9

9 783000 554469

Das Clematis Jahrbuch

365 Tage Freude mit Clematis

Inhaltsübersicht

Clematis Hybride 'Piilu' und Clematis Hybride 'Rosa Königskind' in großem Kübel

JANUAR

Der Januar ist ein Monat in dem man sich in Sachen Garten etwas zurücklehnen kann. Weihnachten und der Jahreswechsel liegen hinter uns, der Winter hat Einzug gehalten. Je nach Region mit oder ohne viel Schnee. Das Gleiche gilt auch für die frostigen Temperaturen. Eine gute Zeit den Garten einmal zu überplanen. Auch im Garten brauchen wir gelegentlich Tapetenwechsel. Gibt es Lücken oder sind Pflanzen zu groß geworden, die ausgelichtet werden können? Sollte man sie ganz und gar entfernen? Hier und da können Ergänzungen mit Erneuerungen nötig werden. Clematis bieten sich sehr gut als Lückenfüller an, die Auswahl ist riesig! Garten, Pergola, Gartenzäune, Bäume und Sträucher, Terrasse, Balkon, Garagenwände oder Hausfassaden kommen in Betracht.

Eine eingeschneite Skulptur ist auch im Winter sehr dekorativ.

Winterzeit ist Ruhezeit für viele Gartenpflanzen, natürlich auch für unsere Clematis.

Wenn man im vorangegangen Spätherbst oder Frühwinter alles beachtet hat, kann man vom Wohnzimmer aus beruhigt und entspannt auf die Winterlandschaft draußen blicken.
Aber war da doch noch etwas, sollte ich doch etwas vergessen haben?
Anschließend eine kleine Übersicht was gemacht werden sollte, um besonders die Clematis in Gefäßen sicher über den Winter zu bringen.

Kübel und Gefäße auf Balkon, Terrasse oder Wintergarten

Ist meine Kübelclematis im Freien ausreichend eingepackt oder an einen frostgemilderten Ort gebracht? Wenn nicht, dann aber jetzt schnell nachholen! Festgefroren und steinhart, was nun? Wenn Schnee vorhanden ist, ist das eine gute Möglichkeit das Gefäß darin einzubetten und ein wenig abzuwarten, bis es beginnt aufzutauen. Danach unverzüglich an einen entsprechenden Ort bringen oder die notwendigen Maßnahmen nachholen. Sollte kein Schnee vorhanden sein, kann Laub oder Stroh ähnliche Dienste leisten. Winterschutz sollte auf jeden Fall sichergestellt werden und bleiben.

Immergrüne und frostempfindliche Clematis als Kübelpflanzen. In den Wintergärten beginnen sie jetzt schon wieder mit dem Wachstum oder sogar mit ihrer Blütezeit. Einige dieser Clematis sind Jahreszeit unabhängig und das Wachstum wird nur durch die Temperatur bestimmt, wenn diese über +8° bis +10°Celsius steigt.

Hier, in temperierten Wintergärten oder in Hobby-Gewächshäusern ist die Kontrolle auf Schädlinge besonders wichtig. Sehen Sie sich die Pflanzen genau an, besonders auch die Blattränder und die Blattunterseite! Siehe unter Dezember. An der Unterseite der Gefäße, unter Steinen oder in größeren Poren können Schnecken, Schneckeneier, Bodenschädlinge oder andere Lästlinge versteckt sein.

Das Substrat im Gefäß sollte auch im Winter nie ganz austrocknen, versorgen Sie die Clematis regelmäßig mit etwas Wasser. Die erste Düngung kann zum Monatsende ausgeführt werden. Später dem Wachstum entsprechend wiederholen. Zur Gesunderhaltung, besonders im Hinblick auf Pilzerkrankungen, ist gute Luftbewegung und frische Luft nötig. Am Tage, wenn die Temperaturen das zulassen, gut durchlüften. Nachts sollte auch immer etwas gelüftet werden.

Gefäße sollten umgehend vor extremen Frost geschützt werden und nicht völlig durchfrieren. Das verhindert Folgeschäden.

Die frostempfindliche, immergrüne Clematis armandii 'Apple Blossom' fühlt sich jetzt im Wintergarten am wohlsten.

Die aus Neuseeland stammenden Clematis forsterii 'Cartmanii Joe' sollte jetzt im Wintergarten einen hellen Platz gefunden haben.

Die Kletterhilfen können jetzt z.B. einen neuen Anstrich gut vertragen oder falls nötig, ausgebessert werden.

Kletterhilfen die beweglich sind, können in dieser Zeit überholt und ausgebessert werden.

Die Vergrößerung zeigt an, dass hier die Korrosion beginnt. Handlungsbedarf ist also in der nahen Zukunft nötig.

Garten, Hauswand oder Pergola

Alle Clematis die laubabwerfend sind, befinden sich jetzt ausnahmslos in völliger Winterruhe und benötigen weder Wasser, Dünger noch besondere Pflege. Selbst in milderen Regionen, in denen es bisher nicht stark gefroren hat, stellt sich auch ohne Frost eine Winterruhe ein. Das meiste Laub ist von den vorangegangenen Winterstürmen zum größten Teil verschwunden, was uns einen gewissen „Weitblick" verschafft. Verborgene Strukturen werden im Garten wieder sichtbar. Die Hausfassade mit der Kletterhilfe lässt Reparaturbedarf sichtbar werden. Die Pflanzstellen und bepflanzte Rabatten sollten auf Wühlmausgänge und weiteren Nagetierfraß kontrolliert werden. Unter den Laubresten vom Herbst können Schnecken und Schneckeneier zu finden sein.

Gartenansicht im Winter wenn kein Schnee vorhanden ist. Die Pergola kann gereinigt und vom Algenbewuchs befreit werden.

An frostfreien Tagen kann ein Rückschnitt der Gruppen 2 und 3 jetzt ausgeführt werden.

Die Triebe der Clematis-Rückschnittgruppe 3 lassen sich jetzt besonders gut nach unten aus Gehölzen und aus den Kletterhilfen herausziehen weil sie keinerlei festes Laub mehr haben. Nach unten herausziehen gilt vorwiegend für Clematis die als Rosenbegleiter Verwendung finden. Die Rosendornen = Stacheln sind stets nach unten gebogen und und erweisen sich dann nicht als Widerhaken.

Bei der Rückschnittgruppe 2 beschränkt man sich mit dem Rückschnitt auf das obere Drittel, bzw. die obere Hälfte der Clematis. Die abgeschnittenen Triebe lassen sich hier leicht entfernen.

Rückschnittgruppe 1, muss zu dieser Zeit vom Rückschnitt völlig verschont bleiben!

Clematis der Rückschnittgruppe 2 werden wenige cm über den Augen zurückgeschnitten.

Clematis der Rückschnittgruppe 3 werden tief zurückgeschnitten. Auch dann, wenn sich die Triebe zwischen Rosen oder Gehölzen befinden.

Clematis der Rückschnittgruppe 1 werden jetzt nicht zurückgeschnitten.

FEBRUAR

Im Februar sind gelegentlich schon Schneelücken zu sehen, wenn am Tage Tauwetter herrscht.

Der Februar hat so seine Tücken! Ist es ein Wintermonat oder doch nicht mehr? Wenn die Sonne langsam höher steigt, sind draußen am Tage schon häufig Plus-Temperaturen anzutreffen. Wir warten schon ungeduldig auf das kommende Frühjahr. Die Wintergärten und Hobbygewächshäuser heizen sich tagsüber schon sehr gut auf und wir verspüren eine wohlige Wärme. Schnell können es über 20 Grad werden. Lüften Sie am Tage, das senkt die Luftfeuchtigkeit in der Nacht und trägt zur Gesunderhaltung aller Ihrer Kübelpflanzen bei.

Im Garten beginnen die ersten Frühlingsboten zu blühen. Bei den Gehölzen sind es Hartriegel (Cornus mas) und verschiedene Hamamelis. Einige sehr frühe Rhododendren und die Schneeheide (Erika carnea) zeigen sich ebenfalls mit Farbe. Schneeglöckchen und andere frühe Zwiebelgewächse sind auch schon mit Knospen und Blüten zu sehen. Schneelücken lassen hier und da den Rasen wieder erscheinen. In Schattenlagen herrscht noch Winter, der Schnee taut an solchen Stellen noch nicht auf.

Frühblühende Gehölze wie die Hamamelis zeigen jetzt schon Farbe.

Zwiebelgewächse wie Schneeglöckchen oder Winterlinge blühen jetzt schon in unseren Gärten.

Kübel und Gefäße auf Balkon, Terrasse oder Wintergarten

Kontrolle: Ist das Gefäß schon aufgetaut und benötigt es ein wenig Wasser? Bei einer Frostperiode im Januar ist das Substrat jetzt „trocken gefroren". An frostfreien Tagen sollte man die Umhüllung/Isolierung etwas lockern. Dann taut das Gefäß schneller wieder auf und man kann ggf. ein wenig gießen. Auf Feuchtigkeit kontrollieren sollte man auch, wenn das Gefäß in einer Garage, unter einem Carport, in einem Gartenhäuschen oder in einem Schuppen Platz gefunden hat. Man sollte darauf achten, dass nicht zu viel Nässe eindringen kann, etwa falls das Gefäß nicht unter einem Dach überwintert wird. Nach Frostperioden kann es zu bösen Überraschungen kommen, wenn das Gefäß nicht frostfest war!

Frostfeste Gefäße kommen ohne Schaden durch den Winter. Eine konische Gefäßform ist mitentscheidend für schadlose Überwinterung.

Jeder kennt Frostschäden an Terracottagefäßen, die nicht hart genug gebrannt sind.

Immergrüne und frostempfindliche Clematis als Kübelpflanzen: Bei der richtigen Sortenwahl sind jetzt schon Knospen und Blüten vorhanden. Regelmäßig gießen und ein wenig Dünger geben. Je kühler die Clematis jetzt gehalten werden können, umso länger hält die Blütezeit an. Reine Winterblüher sind: Clematis napaulensis und die Clematis cirrhosa Sorten. Hier gibt es auch Kreuzungen untereinander. Bei den anderen immergrünen Arten wie: Early Sensation, forsterii Cartmanii Joe oder den Clematis armandii stellt sich die Blütezeit in den Folgemonaten ein. Denken Sie daran, dass solche Clematis im Sommer am besten im Garten oder auf der Terrasse aufgehoben sind!

Clematis napaulensis blüht ausschließlich im Winter.

Immergrüne Clematis cirrhosa 'Halcyoa' im Wintergarten, benötigen jetzt viel frische Luft.

Die Augen in den Blattachseln von Clematis Hybriden, werden schon deutlich sichtbar.

Die Augen der atragenen Clematis werden ebenfalls schon deutlich sichtbar.

Garten, Hauswand oder Pergola

Die meisten Clematis sind noch bis Mitte des Monats in Winterruhe, ab Mitte Februar ist der Winter gebrochen und sie beginnen langsam mit dem „Aufwachen". Clematis sind „Frühaufsteher", das Knospenwachstum beginnt unübersehbar in dieser Zeit. Noch deutlicher werden die Unterschiede an den einzelnen Familien sichtbar. Die sehr frühen Arten, z.B. Clematis alpina, macropetala oder Clematis koreana bekommen schon gut sichtbare Knospen (Augen) in den Blattachseln, andere Arten sind noch weiter zurück in ihrer Entwicklung. Bei den großblütigen, frühblühenden Hybriden können wir auch bereits sichtbare Knospen (Augen) beobachten. Je weiter wir nach oben blicken, desto auffälliger wird es. (das ist typisch für die Rückschnittgruppe 2), mehr auf Seite 91) Wer bisher noch nicht zurückgeschnitten hat, sollte das jetzt unverzüglich nachholen. Dazu sollte man einen frostfreien Tag nutzen.

Der Rückschnitt sollte jetzt unverzüglich nachgeholt werden, wenn noch nicht geschehen.

Alle Clematis der Rückschnittgruppe 3 (mehr dazu auf Seite 8 und Seite 91) sollten ebenfalls spätestens jetzt tief zurückgeschnitten werden. Dazu gehören: Alle sommerblühenden Clematis Hybriden, Clematis viticella, Clematis texensis, alle Staudenclematis und viele kleinblütige Clematis, die im Sommer, Spätsommer oder im Herbst blühen. Die hier aufgezählten Clematis entwickeln sich langsamer und die achselständigen Knospen (Augen) werden erst später gut sichtbar.

In der Rückschnittgruppe 1 finden wir alle frühjahrsblühenden Clematis, dazu gehören alle atragenen (atragene, siehe auch Seite90) Clematis. (Clematis alpina, C. macropetala, C. koreana, C. chiisanensis und C. fauriei) Ferner gehören alle Clematis montana dazu.

Jetzt, an frostfreien Tagen, ist eine gute Zeit zum Ordnen der Triebe.

Im Winter entsteht der Eindruck, gegen ein wirres Gestrüpp von Trieben, ohne Laub, ankämpfen zu müssen. Die verholzten und dennoch elastischen Triebe lassen sich sehr gut „in Form“ bringen. Lücken an der Kletterhilfe können so geschlossen werden. Auf eine gleichmäßige Verteilung sollte man großen Wert legen. Je mehr Triebe dabei waagerecht fixiert werden können, umso mehr Triebe treiben dann später hier senkrecht wieder aus. (siehe Seite 82)

Die holzigen Triebe der Clematis sind sehr flexibel und können gut geleitet werden

MÄRZ

Endlich wird es Frühling! Die lange Wartezeit auf das Frühjahr geht in diesem Monat zu Ende. Im März stehen uns schon 10 Sommertage zu, so eine alte Binsenweisheit. Nutzen wir diese Zeit um unsere Gärten für die kommende Saison fit zu machen.
Laubreste aus dem Herbst und Winter können z.B. jetzt zusammengekehrt werden. Die eine oder andere Pflanze muss jetzt noch zurückgeschnitten werden. Es sprießt schon etwas hier und da. Die Krokusse und die ersten Narzissen beginnen mit der Blütezeit. Auch unsere Märzbecher machen ihrem Namen alle Ehre und blühen gegen Ende des Monats. Frühe Rhododendren fangen auch schon zu blühen an. Und was machen meine Clematis, Rosen, Stauden und Gehölze? Sind sie gut durch den Winter gekommen? Bei den Clematis braucht man sich kaum Sorgen zu machen! Clematis vertragen sehr gut kalte und lange Winter. Viele Stauden oder Rosen, leiden in ungünstigen Wintern schon deutlich mehr, besonders dann wenn extrem wechselnde Temperaturen herrschten. Der Clematis-Winterschutz kann jetzt entfernt werden. Bei empfindlichen Sorten ist es ratsam noch ein wenig zu warten, denn im März kann es immer noch einmal empfindlich kalt werden. Clematis in den Gefäßen dürfen nicht zu früh aus dem Winterquartier geholt werden. Ende März ist der richtige Zeitpunkt hierfür. Bei einem dunklen Winterquartier können sich schon lichthungrige helle Triebe gebildet haben, die kann man einfach zurückschneiden.

Staudenclematis (Clematis coactilis) treiben früh aus und werden schnell mit jungen Blättern sichtbar.

Zwiebelgewächse wie Narzissen und Märzbecher blühen jetzt in den Gärten.

Kübel und Gefäße auf Balkon, Terrasse oder Wintergarten

Überwinterung der Kübel und Gefäße an einer Hauswand mit Dachüberstand.

Vorbereitung einer Clematis zum Umpflanzen. (Kübel oder Gefäß)

Teilen und Umpflanzen einer Clematis im Kübel oder Gefäß.

Der Winterschutz kann jetzt entfernt werden, wenn das Gefäß an einem geschützten Ort überwintert wurde. Vorsicht ist noch geboten wenn es sich um einen ungeschützten Platz im Freien handelt. Hier sollte man das Schutzmaterial zwar entfernen oder lockern, aber es noch in Reichweite belassen! Wir sprechen hier vorwiegend von Clematis der Rückschnittgruppen 2 und 3.

Umpflanzen: Sind die Clematis mehr als zwei Jahre in demselben Gefäß verblieben, dann wird es jetzt Zeit für eine Revision, das Substrat sollte erneuert werden.
Handhabung: Am besten das Gefäß stürzen, den Wurzelballen entnehmen und von allen Seiten etwas beschneiden (ca. um 1/3 dezimieren). Das Gefäß selbst lässt sich jetzt gut von innen und außen reinigen. Den alten Wurzelballen etwas auflockern und evtl. abgestorbene oder gebräunte Wurzeln bis in das gesunde Wurzelwerk einkürzen. Das können Frostschäden aus dem vorangegangen Winter sein. Danach neues Substrat einfüllen und wieder einpflanzen. Als Substrat sollte man eine aus dem Fachhandel stammende „Kübelpflanzenerde“ verwenden. Diese Substrate sind für einen längeren Zeitraum strukturstabiler als herkömmliche Blumenerden.
Nach dieser Aktion kann das Gefäß wieder dort platziert werden wo es über den Winter gestanden hat. Die Kletterhilfe kann in diesen Wochen wieder aufgebaut werden.
Clematis der Rückschnittgruppe 1 sollte man erst im Mai/Juni umpflanzen, wenn die erste Hauptblüte vorbei ist.
Im Wintergarten oder Gewächshaus können immergrüne oder frostempfindliche Clematisarten und Sorten ebenfalls jetzt umgepflanzt werden. Die Blütezeit ist bei den meisten immergrünen Clematis jetzt vorbei. Ein Rückschnitt kann hier jetzt vorgenommen werden. Das Maß kann individuell selbst bestimmt werden. (wie Rückschnittgruppe 1, nur abweichende Zeit)
Pflanzt man auch jetzt die anderen frostempfindlichen Arten (z.B. Clematis florida) um, muss jetzt spätestens tief zurückgeschnitten werden! Solche Clematis sind sommerblühend und gehören der Rückschnittgruppe 3 an.

Nach der Winterruhe werden die Augen der neuen Triebe gut sichtbar.

Clematis viticella mit dem Austriebsbeginn.

Garten, Hauswand oder Pergola

Die meisten Clematis beginnen jetzt langsam mit dem Wachstum. Unübersehbar groß sind die Augen (Knospen) geworden. Bei den kletternden Arten ist das sehr markant und unterschiedlich ausgeprägt. Dabei ist es unerheblich zu welcher Gruppe diese Clematis gehören. Wie schon mehrfach erwähnt, sind niedrige Temperaturen für das Wachstum der meisten Clematis kein Problem. Nur die wärmeliebenden Clematis lassen sich noch Zeit mit dem Sichtbarwerden der Knospen. Folgende Gruppen gehören dazu: Einzelne Staudenclematis, Clematis florida, Clematis rehderiana, Clematis texensis, Clematis orientalis, Clematis tangutica und Clematis vitalba. Die Gruppe der Clematis montana tanzt hier völlig aus der Reihe!! Obgleich sie schon früh im Mai blüht, ist sie jetzt im März noch sehr weit zurück!

Im Folgemonat April wird sich das schlagartig ändern. Jetzt ist eine gute Zeit um Versäumnisse aus dem Vorjahr und dem vorangegangenen Herbst zu korrigieren. Triebe können so geleitet und fixiert werden, dass sie besser zur Geltung kommen. Ein gleichmäßiger Abstand an der Kletterhilfe bietet Vorteile für künftige dichte Berankung, Lichteinfall auch für die unteren Triebe und einen gleichmäßigen Blütenflor. Umpflanzen an einem anderen oder besseren Standort. Umpflanzen kann auch nötig werden wenn Clematis nach Jahren einmal zu groß geworden sind. Das Durchteilen einer kräftigen oder alten Staudenclematis. Sollte der Rückschnitt, (Gruppe 2 und 3) immer noch nicht durchgeführt sein, dann ist es jetzt allerhöchste Zeit dafür!!

Leichter Spätfrostschaden an den jungen Blättern.

Ein vorhandener Winterschutz kann jetzt entfernt werden. Die Mulchschicht kann erneuert oder ergänzt werden. Wenn der Erdboden nicht mehr gefroren ist, kann auch schon wieder an eine Neupflanzung gedacht werden. Dennoch sollte eine sehr zeitige Frühjahrspflanzung eher die Ausnahme bleiben.
Wer im Frühjahr Clematis pflanzen möchte kann dies natürlich realisieren! Bedenken Sie dabei, dass der Erdboden schon eine gewisse Temperatur erreicht haben sollte. Anfang März ist der Erdboden noch von dem vorangegangenen Winter völlig ausgekühlt. Warten Sie noch einige Wochen ab, bis die Bodentemperatur etwas gemäßigter geworden ist. Die beiden Folgemonate April und Mai sind besser geeignet für eine Pflanzung im Garten. Es ist auch abhängig von der Beschaffenheit des Erdbodens. Ein leichter oder humusreicher Gartenboden erwärmt sich deutlich schneller als ein schwerer Boden. Die Niederschlagsmenge spielt hier ebenfalls eine Rolle.
Auf Seite 15 ist eine Clematis viticella zu sehen, die einen leichten Frostschaden aufweist. Die jungen Blattspitzen sind hier braun verfärbt. In der Folgezeit überwächst dieser leichte Schaden wieder.

Die Mulchschicht aus Pinienrinde wird ergänzt oder erneuert. Es gibt verschiedene Körnungen im Handel.

Der Winterschutz wird jetzt gelockert und in Kürze kann er ganz entfernt werden.

APRIL

In diesem Monat beginnen die ersten Clematis in unseren Gärten zu blühen. Die atragenen Clematis eröffnen den Blütenreigen. Je nach Sorte und Standort kann die Blütezeit Anfang April beginnen und Ende Mai schließlich enden. In ungünstigen Nord-, Schatten- oder Höhenlagen, mit langen Wintern, kann sich die Blütezeit noch um vier weitere Wochen verzögern. Aus den kräftigen Knospen treiben jetzt Blätter und Blüten, die nahezu gleichzeitig erscheinen. Der Erdboden ist vom vorangegangenen Winter noch ausgekühlt und die Bodentemperaturen sind entsprechend niedrig! Für atragene Clematis ist das keineswegs hinderlich für das einsetzende Wachstum. Nacheinander und miteinander blühen die verschiedenen Arten und Sorten. Diese Reihenfolge ergibt sich hierbei: Einfach blühende Clematis alpina, gefüllt blühende Clematis alpina, Clematis macropetala, Clematis fauriei, Clematis koreana und Clematis chiisanensis. Am Ende dieser Reihenfolge sind noch Clematis japonica und Clematis montana zu nennen. Clematis montana werden in dem Monat Mai noch ausführlich behandelt. Frühjahrspflanzung ist jetzt möglich.

Typische Blütenformen der verschiedenen atragenen Clematis. Hauptblütezeit Mitte bis Ende April.

Kübel und Gefäße auf Balkon, Terrasse oder Wintergarten

Der Winterschutz kann jetzt endgültig entfernt werden. Wenn noch nicht im März umgepflanzt wurde, dann sollte es jetzt unverzüglich nachgeholt werden. Das Wachstum beginnt jetzt und eine Störung im Wurzelbereich sollte unterbleiben. Die Kletterhilfe kann wieder aufgebaut werden und die zurückgeschnittenen Triebe erstmals daran fixiert werden. Die erste Düngung kann jetzt verabreicht werden. Wer kürzlich umgepflanzt hat, kann mit der ersten Düngung noch bis Mai warten. Steht das Gefäß direkt auf einem festen Untergrund, wie z.B. Pflastersteine, dann könnte der Wasserabzug beeinträchtigt werden. Abhilfe schaffen kleine „Füße“ darunter, auf dem das Gefäß ein wenig „angehoben“ wird. Wenn der Winter mild war oder der April frühzeitig warm geworden ist, können sich die ersten Schädlinge bemerkbar machen. Gut getarnte grüne Blattläuse saugen als erstes an den jungen Triebspitzen. Junge Schnecken verraten sich durch feine Schleimspuren.

Nach der Überwinterung kann die Kletterhilfe wieder aufgestellt werden.

Nach einer gewissen Akklimatisierung, kann das Gefäß mit den Clematis aus dem Wintergarten oder Gewächshaus am besten wieder draußen aufgestellt werden. Wählen Sie dazu einen geschützten Platz im Garten oder auf der Terrasse aus. Hilfreich ist auch ein einsenken in den Erdboden wenn es sich nicht um ein standfestes Gefäß handelt. Auch hier kann jetzt die erste Düngung verabreicht werden.

Vorbereitung um eine Staudenclematis im Garten zu teilen.

Praxis Vermehrung einer Staudenclematis durch Teilung.

Clematis alpina 'Blue Princess' in einem Gefäß kultiviert. Bleibt ständig draußen!

Garten, Hauswand oder Pergola

Im April gibt es schon jede Menge Gartenarbeit zu verrichten. Alles muss kontrolliert werden. Genau wie bei Kübel und Gefäße kann jetzt die erste Düngung durchgeführt werden. Mit einer gezielten Düngung können Clematis entscheidend „eigenen Bedürfnissen angepasst werden“. Dazu ist es wichtig zu wissen, dass die Nährelemente in den Düngern unterschiedliche Vorgänge in den Pflanzen beeinflussen. Düngung ausführlich Seiten 86-87
Bei den Staudenclematis (vornehmlich Clematis integrifolia) sind zahlreiche, aus dem Erdboden entspringende, Triebe sichtbar geworden. Bei älteren Pflanzen sind es eine große Anzahl Triebe, die alle aus einem Punkt zu kommen scheinen. Hier kann es notwendig werden, zeitig einen „Gürtel“ anzulegen damit die vielen Triebe nicht drohen auseinander zu brechen. Ein heftiger Schnee-, Hagel- oder Regenschauer könnte hier großen Schaden verursachen. Wind oder Sturm können eine ähnliche negative Wirkung haben.

Clematis integrifolia mit zahlreichen Neutrieben. Diese Pflanze ist 4 Jahre alt.

Junge Clematistriebe die dringend Halt benötigen.

In diesem Stadium sind die jungen Triebe nur wenig flexibel und sehr zerbrechlich. Vorsicht ist also bei der Handhabung geboten!

Die verholzten Triebe der kletternden Clematis können jetzt an den Kletterhilfen befestigt werden. Auch hier ist äußerste Vorsicht geboten, damit die neuen jungen Austriebe nicht aus- oder abbrechen. Letzte Korrekturen bei einer Gehölzpflanzung müssen jetzt vorgenommen werden. Stellen an denen es zu einer Wurzelfreilegung während des Winters gekommen ist, sollte man mit Erde oder Substrat auffüllen. Ein kleiner „Kragen" kann hier hilfreich sein. Junge Triebe, die sehr schnell in die Länge gewachsen sind, sollten auch erstmals befestigt werden. Besonders die Familien der Clematis viticella, der sommerblühenden Hybriden und etwas später die Familie der Clematis texensis fallen hierunter. Die kräftigen jungen Triebe haben anfangs keine ausgeprägten Blattstielranken mit denen sie sich später von selbst gut festhalten können.

Clematis texensis 'Princess Diana', die noch jungen Triebe sind in dieser Zeit sehr fragil und müssen vorsichtig behandelt werden.

Neupflanzung einer Clematis mit Rhizomsperre, auch als Gießkragen. Mulchmaterial (Pinienrinde) beschattet die Pflanzfläche und dekoriert.

Schnee und Frost im April ist nicht ungewöhnlich. Für Clematis alpina 'Constance' und Clematis macropetala 'White Lady' nicht bedrohlich!

MAI

Im Monat Mai ist es endlich soweit. Der ganze Garten blüht auf. So oder so ähnlich fühlt es sich für die meisten Gartenfreunde an. Der Staudengarten, die Rhododendren und auch die Bäume und Sträucher erblühen in jetzt in voller Pracht. Mehrere Clematis Familien blühen jetzt gleichzeitig, überschneidend oder folgen dicht aufeinander. Bei den Clematis sind Anfang Mai, die C. koreana, C. chiisanensis und besonders die C. montana in Blüte. Etwas später beginnen auch die großblütigen Clematis Hybriden. Nicht unerwähnt darf der Blühbeginn einiger früher Clematis integrifolia, Clematis texensis und Clematis orientalis bleiben. Die Bodentemperaturen steigen langsam an, und eine Frühjahrspflanzung sollte in dieser Zeit durchgeführt werden. Die frühesten atragenen Clematis sind bereits dem Verblühen nahe. Jetzt im Mai geht das Wachstum sehr schnell voran und die Clematis benötigen eine Menge Nährstoffe. Je nach Wirkungsdauer des verabreichten Düngers, kann eine Folgedüngung notwendig werden. Mehr zur Düngung auf den Seiten 86-87.

Clematis montana rubens var.'Odorata' klettert hier an einem Doppelstabmattenzaun. C. mont. 'Odorata' duftet intensiv nach Vanille.

Kübel und Gefäße auf Balkon, Terrasse oder Wintergarten

Das Substrat in den Gefäßen hat sich erwärmt und das Wurzelwerk der Clematis entwickelt sich sehr stark. Damit schreitet auch das oberirdische Wachstum sichtbar schnell voran. Es kann jetzt nötig werden, die ersten Triebe ein wenig an der Kletterhilfe zu befestigen. Für Staudenclematis bieten sich ringförmige Elemente an, in denen die Triebe guten Halt finden. Regelmäßig dem Wachstum angepasst gießen. Eine weitere Düngung kann verabreicht werden. Weiterhin ständig auf Schädlingsbefall achten.

Diese „Wintergartengefäße" haben jetzt einen Platz im Garten gefunden und können hier den ganzen Sommer verbleiben. Die weitere Pflege kann wie oben beschrieben, gehandhabt werden.

Die Staudenclematis integrifolia 'Arabella' kann am besten in einer ringförmigen Kletterhilfe gestützt werden.

Garten, Hauswand oder Pergola

Clematis montana var. Rubens hat hier das „Hausdach erobert".

Anfang Mai haben die Clematis montana ihren beeindruckenden Auftritt. Man kennt dieses Spektakel mit hunderten von Blüten, die dicht an dicht erblühen. Ob Fassaden, Pergolen oder Bäume, sie alle können von dieser Blütenpracht eingehüllt werden. Die meisten Clematis montana verströmen überdies noch einen intensiven Vanilleduft, der besonders dann zu spüren ist, wenn die Blütezeit ihren Höhepunkt bereits überschritten hat. An sonnigen Tagen duftet jetzt der ganze Garten nach Vanille! Die etwas später blühende Clematis montana wilsonii duftet nach Schokolade. Die einfach blühenden Clematis montana stehen am Anfang dieser Blütezeit. Es folgen die C. chrysocoma und schließlich die gefüllt blühenden Sorten. Der junge, rötliche Austrieb erscheint fast gleichzeitig mit dem sichtbar werden der ersten Blütenknospen, die direkt aus dem vorjährigen Holz entspringen.
Alle Clematis montana haben ein sehr starkes und mächtiges Wachstum, das vornehmlich senkrecht nach oben gerichtet ist. Bietet die vorhandene Kletterhilfe diese Möglichkeit nicht, dann können die Triebe auch waagerecht oder herabhängend wachsen. Clematis montana lassen sich auch sehr gut an Zäunen entlang ziehen. Das wäre z.B. eine Variante, eine andere Variante wäre es, sie in Hecken hinein wachsen zu lassen.

Clematis montana ‘Tetra Rose‘ wächst an allem was sich zum Klettern anbietet.

Clematis montana ‘Pink Perfection‘ bringt nicht nur Farbe, sondern auch Vanilleduft in unsere Gärten.

Im Verhältnis zu anderen Clematis, bleiben C. montana eher schlank. Bedingt durch die Handhabung der Rückschnittgruppe 1, scheint ein Verkahlen im unteren Bereich der Pflanzen unausweichlich zu sein. Das muss aber nicht sein, wenn man von Beginn an solche Clematis regelmäßig einem Rückschnitt unterzieht! Mehr dazu Seite 90

Wie der Name vermuten lässt, stammen die Clematis montana vornehmlich aus Bergregionen um die 2000m Höhe. Als Heimat ist West-China und große Teile des Himalaja Massivs zu nennen, dort haben Clematis montana eine sehr gute Winterhärte. Die Höhenlage lässt nur eine sehr begrenzte Vegetationszeit zu, das Wachstum ist verhalten und die Struktur des Pflanzengewebes ist deutlich härter als in unseren Gärten. Die Triebe reifen dort besonders gut aus und kommen schadlos durch jeden Winter. Hier in Mitteleuropa, ohne Höhenlage, kann es hin und wieder zu Frostschäden kommen, weil dieser Reifeprozess erst zu spät einsetzt. Besonders gefährlich wird es dann, wenn der Herbst noch lange warm bleibt und die Temperaturen zum Winter hin dann plötzlich deutlich absinken. Herbst, das Stichwort: Gelegentlich erblühen einzelne Blüten von C. montana im September.

Außerhalb der Blütezeit kann man die rötliche bis rote Belaubung einiger Sorten sehr dekorativ im Garten einsetzen. Helle Hintergründe bieten sich hier besonders an.

Clematis montana ‘Freda‘ besticht durch ihre dunkle Belaubung und der dunklen Blütenfarbe. Bringt auch außerhalb der Blütezeit „Farbe“ in die Gärten.

Gegen Ende Mai beginnen weitere Clematis-Familien mit ihrer Blütezeit.

Die frühblühenden Clematis Hybriden haben jetzt ihre erste Blütezeit, die noch vier bis sechs Wochen andauert und in zwei Monaten durch eine zweite Blütezeit ergänzt wird. Bei den frühblühenden Clematis Hybriden sind die Blütenknospen an den Kurztrieben bereits im Herbst/Winter vorgebildet und erblühen jetzt schließlich im Mai. Diese Kurztriebe werden nur 20 cm bis 40 cm lang. Bei günstigen Bedingungen treiben überall an den Pflanzen neue Kurztriebe mit Knospen aus. Das spielt sich immer in dem unteren Bereich der Pflanzen ab. Häufig erleben wir die Masse an Blüten zwischen 0,60 m und 1,5 m Höhe. Die Blüten stehen dicht an dicht und man erkennt kaum grünes Laub. Die Unterschiede in dieser Gruppe sind sehr vielfältig, denn die meisten gefüllten Clematis sind in dieser Gruppe zu finden. Die Füllung selbst ist abhängig vom Alter der Clematis und von der Winterruhe. Je älter eine Clematis ist und je länger die Winterruhe andauert, desto dichter ist auch die Füllung der ersten Blüten! Die heutige Clematis-Vielfalt in dieser Gruppe geht auf die Wildformen von Clematis patens und lanuginosa zurück. Die Blütendurchmesser können 10 cm bis deutlich über 22 cm erreichen. Clematis dieser Gruppe lieben einen kühlen Standort, der gerne auch schattig sein darf. Das Längenwachstum liegt zwischen 1,80 – 3,00 m. Fruchtschmuck stellt sich gegen Ende des Monats ein. Mehr dazu im Monat Juni.

Clematis Hybride 'Asao'. Der erste Blütenflor der zweimalblühenden Clematis Hybriden ist beeindruckend.

Clematis Hybride 'Nelly Moser', eine der bekanntesten Clematis weltweit. Sie wird häufig mit anderen zweifarbigen Clematis verwechselt.

Clematis Hybride 'Kiri Te Kanawa'. Sie blüht nicht nur im Mai, sondern auch im Sommer gefüllt.

Clematis Hybride 'Sarabande' BFCCSAR. Ist mein Titelbild und gilt als halbgefüllt blühende Sorte jetzt im Frühjahr. Im Sommer blüht sie ungefüllt.

JUNI

Der Monat Juni ist der Clematis Monat schlechthin. Die meisten Clematis-Familien beginnen mit dem Blühen. Sogar einige späte Clematis montana erblühen erst jetzt. Die Hauptblütezeit der Staudenclematis setzt ein, vornehmlich die der Clematis integrifolia. Es folgen Clematis texensis und Clematis viticella. Die sommerblühenden Clematis Hybriden reihen sich auch mit ihrer Blütezeit hier ein. Weitere Clematis folgen aus den Familien orientalis, tangutica und vitalba. Im Juni ist es Sommer geworden und es herrschen hohe Temperaturen. Der Wasser- und Nährstoffbedarf steigt sichtlich mit dem zunehmenden Wachstum an. Die kletternden Clematis wachsen in dieser Zeit am schnellsten und haben die 2 m Höhe erreicht oder schon überschritten. Die einmalblühenden Rosen beginnen mit ihrer Blütezeit und die Rhododendren verblühen jetzt nach und nach.

Unsere Gärten sind zu Hochform aufgelaufen und man hat das Gefühl es blüht überall.

Sommerliche Impressionen im Garten von Schloss-Sofiero, Helsingborg, Schweden. Kletterrosen: 'Super Excelsa' & 'Super Dorothy'. Sammlungen von Rhododendron und Clematis.

Ein „Ausreißer" unter den Clematis montana ist 'Wilsonii'. Sie duftet nach Schokolade und blüht später als andere Montanas Anfang Juni.

Die Rhododendronblüte ('Graffito'®) neigt sich allmählich dem Ende zu und wird von zahlreichen Clematis abgelöst.

Kübel und Gefäße auf Balkon, Terrasse oder Wintergarten

Clematis in Gefäßen sollte man jetzt im Hochsommer so platzieren, dass sie nicht extremen Temperaturen oder der direkten Sonneneinstrahlung ausgesetzt sind. Wählen Sie am besten einen Platz aus, der leicht beschattet ist oder meiden Sie die pralle Mittagssonne! Das gilt besonders für großblumige Clematis Hybriden. Kleinblumige Arten vertragen deutlich mehr Hitze und können an sonnigen Plätzen verbleiben. Bei hohen Temperaturen benötigen Clematis viel Wasser und auch Nährstoffe. Regelmäßiges gießen und düngen sollte selbstverständlich sein. Es ist ständig darauf zu achten, dass das Verblühte regelmäßig entfernt wird. Je früher man mit dem Ausschneiden beginnt, desto besser blühen Ihre Clematis durchgängig weiter! Aufbinden und leiten einzelner Triebe darf nicht vernachlässigt werden.

Clematis viorna 'Sonnette' lässt sich ebenfalls hervorragend in einem Gefäß kultivieren. Diese Sorte erlaubt auch vollsonnige Standorte.

Clematis integrifolia 'Miranda' blüht in einem Gefäß den ganzen Sommer hindurch.

Nachdem die Gewächshaus-Clematis-Gefäße „ausquartiert“ worden sind, sollte man ihnen eine kleine Verschnaufpause gönnen. Besonders die Immergrünen Clematis leiden jetzt besonders an hohen Temperaturen und man sieht es ihnen auch an. Einige Blätter werden langsam gelblicher und ein Teil der unteren Blätter vertrocknen schließlich. Je nach Art können beinahe alle Blätter verloren gehen. Kein Grund zur Beunruhigung, denn nach kurzer Zeit treiben erneut grüne Blätter aus und das Wachstum beginnt von Neuem. Im Laufe des Sommers werden die Gefäße weiter mit Wasser und Dünger versorgt. Um den Pflegeaufwand gering zu halten, solle man die Gefäße an einen schattigen oder halbschattigen Ort im Garten aufstellen. Für eine gute Standsicherheit, können solche Gefäße leicht eingesenkt werden.

Clematis Hybride 'Burma Star' ist perfekt für Kübel und Gefäße oder kleine Gärten geeignet. Sie blüht den ganzen Sommer!

Clematis macropetala 'Floralia' und Clematis fauriei 'Campanulina Plena', dürfen nach der Blütezeit in Form geschnitten werden.

Clematis der atragenen Familie und Clematis der montana Familie sollten erst in der zweiten Hälfte dieses Monats „in Form" geschnitten werden. Leichtes Zurückschneiden oder selbst ein tiefer Rückschnitt ist hier und jetzt möglich. In unseren Hausgärten, darf der Naturschutz nicht vernachlässigt werden und hier gilt unsere besondere Aufmerksamkeit dem aktiven Schutz der jungen Vogelbrut! Sie finden im Frühjahr in dem dichten Clematis Gestrüpp, optimale Versteckmöglichkeiten und vertilgen große Mengen an Schadinsekten. Das gleiche gilt für dichte Hecken und lebenden Zäunen.
§ 39 BNatSchG regelt geltendes Recht.

Clematis montana 'Jenny Keay', blüht erst spät unter den Montanas und bleibt ausgesprochen niedrig!

Clematis macropetela mit Fruchtschmuck nach der Hauptblütezeit. Die typische V-förmige Wuchseigenschaft kommt gut zum Ausdruck.

Garten, Hauswand oder Pergola

Clematis Hybriden allgemein

Die großblütigen Clematis Hybriden bringen Farbe in jeden Garten und sind wahre „Hingucker". Nicht alle fühlen sich überall wohl. Die perfekte Platzierung ist ausschlaggebend für Erfolg oder Misserfolg! Achten Sie auf die Bedürfnisse der einzelnen „Clematisgruppen"! In den beiden Monaten Juni und Juli ist besonders auf gute Wasserversorgung zu achten.

Clematis Hybride 'Warszawska Nike' ist ein sehr guter Begleiter zu rosa Kletterrosen. Hier: gemeinsam mit der Kletterrose 'Kir Royal'.

Clematis Hybride 'Jackmanni' und Clematis montana 'Freda' zusammen für wechselhaften Blütenflor.

Clematis Hybride 'Roko', hier als Kontrast mir der Strauchrose 'Edenrose' gemeinsam.

Clematis viticella 'Blekitny Aniol' (vit. Blue Angel) in Dekoration mit einer Terracotta Figur.

Clematis Hybride 'The President', der erste Blütenflor geht jetzt im Juni langsam zu Ende.

Die Fruchtstände bilden sich gegen Ende des Monats aus.

Clematis Hybriden, frühblühend

Nachdem die erste Hauptblütezeit sich langsam dem Ende nähert, erfreuen wir uns immer wieder an dem attraktiven Fruchtschmuck, dieser Clematis Hybriden. Nicht unumstritten ist die Meinung, die Früchte abzuschneiden und zu entfernen oder an den Pflanzen zu belassen. Das ist individuell eine Einzelfallentscheidung.

Ja, schneiden bedeutet: Ein neuer schneller Austrieb und einen guten zweiten Blütenflor nach ca. 6 Wochen.

Nicht schneiden: Lässt die Früchte silbrig oder goldfarben heranreifen und sie bieten den ganzen Sommer ein natürliches ansehnliches Bild. Der zweite Blütenflor kann sich bei einigen Sorten dann nur sehr mäßig einstellen. Für Abhilfe kann hier eine zusätzliche, stickstoffbetonte Düngung sorgen.

<u>Clematis Hybriden, spät blühend</u>

Diese Gruppe besteht ausschließlich aus Clematis, die massenhaft und endständig an den jungen Trieben blühen. Viele dieser großblütigen Clematis sind ursprünglich mit der Clematis viticella Familie gekreuzt und bringen auch eine gewisse Resistenz gegen Clematis Welke (Phoma) mit sich. Unter spätblühend verstehen wir Clematis die im Juni, Juli, August oder noch später blühen. Unterschiede sind hier in den Blütenformen, den Blütengrößen, im Wachstum und der Wuchslänge deutlich. Generell kann man sagen, dass Sorten die später mit der Blütezeit beginnen auch deutlich mehr Wuchsfülle und Wuchslänge erreichen. Bei solchen Sorten ergibt sich gleichzeitig eine gute Verwendung als Sichtschutz.

Clematis Hybride 'John Huxtable', eine der wenigen reinweißen, sommerblühenden Clematis Hybriden.

Clematis Hybride 'Jackmanii', (1858 gezüchtet) eine der ältesten Clematis Kultursorten.

Clematis Hybride 'Rouge Cardinal', auch sie blüht im Hochsommer über einen langen Zeitraum.

Clematis integrifolia in verschiedenen Sorten. Hier eine Situation als kleine Bodendecker.

Die Hauptblütezeit der Clematis integrifolia (Staudenclematis) beginnt in den ersten vierzehn Tagen dieses Monats. Es ist erstaunlich, dass nahezu gleichzeitig die „Großen“ und die „Kleinen“ Clematis integrifolia blühen. Bei den Staudenclematis ist jetzt besonders darauf zu achten, dass die vielen Triebe mit den Blüten nicht bei Wind oder Regen abknicken. Die beste Methode ist hier eine ringförmige Stütze. Zusätzlich kann mit Aufbinden nachgeholfen werden.

Die höheren Clematis der integrifolia Gruppe blühen jetzt üppig in den Staudenbeeten. Obelisken sollten zum Stützen zur Verfügung stehen.

Clematis integrifolia 'Durandii', ebenfalls in einem Obelisk als Hintergrundbepflanzung.

Andere Staudenclematis wie z.B.Clematis recta, können vergleichbar eingesetzt werden. Das ist selbst an einem Gartenzaun möglich. Es muss nicht zwingend aufgebunden werden, denn viele der niedrigen Sorten können bodenbedeckend verwendet werden. Man kann sogar noch einen Schritt weiter gehen und diese Clematis ein wenig herabhängend kultivieren.

Die Staudenclematis recta kann sich z.B. an Zäunen anlehnen. Es handelt sich um eine heimische Clematiswildart.

Clematis integrifolia 'Arabella' wächst hier sehr eindrucksvoll über eine kleine Mauer. Foto: Rosarium Uetersen.

Eine andere Möglichkeit für Clematis integrifolia ergibt sich aus einer Beeteinfassung mit kleinen Palisaden.

Clematis recta var. purpurea hat eine dunkle Belaubung die sehr eindrucksvoll, besonders beim Austrieb ist.

Als Rosenbegleiter zu Beet- oder Strauchrosen sind Clematis integrifolia immer eine gute Wahl. Auch Staudenbeete lassen sich sehr gut mit der einen oder anderen Clematis ergänzen. Die vertikale Dimension lässt viel Spielraum für kreatives Gärtnern.

Clematis integrifolia 'Pamiat Serdtza' wächst schlank und kann für Säulen verwendet werden.

Clematis integrifolia (botanische heimische Art). Sie wird hier in einem Obelisk aus Weidengeflecht gehalten.

Clematis integrifolia 'Ember' schmückt sich schon früh mit silbrigen Fruchtständen.

In der zweiten Hälfte dieses Monates gesellen sich Clematis viticella mit ihrer Blütezeit hinzu. Vereinzelt erscheinen auch die ersten Vorblüten verschiedener Clematis orientalis und tangutica. Die Hauptblüte setzt hier im August ein. Clematis viticella haben derart an Bedeutung gewonnen, wie kaum eine andere Clematis. Dieser Trend ist in den vergangenen zehn bis fünfzehn Jahren zu beobachten.

Clematis viticella 'Alba Luxurians', ist hier bewusst niedrig gehalten worden. Der Palisadenzaun misst nur 70cm Höhe!

Clematis viticella 'Abundance', hier zu sehen im Clematisgarten der LWG Veitshöchheim bei Würzburg.

Clematis tangutica 'Lambton Park' mit ihren großen gelben Blüten. Die verholzten Triebe aus den Vorjahren bieten den neuen Trieben gute Haltemöglichkeiten.

Clematis viticella 'Rubra' neben der C. orientalis 'Bill Mackenzie', ebenfalls eine Aufnahme aus Veitshöchheim.

Clematis viticella gelten als „die Rosenbegleiter“ und hier sind besonders die Kletterrosen gemeint. Warum ist das so? Gesund und pflegeleicht, das sind die Hauptmerkmale der Clematis viticella. Pflanzt man sie zu den Kletterrosen, dann können gleich zwei Blütezeiten überbrückt werden. Sie bilden gleichzeitig einen guten Farbkontrast, denn die vorwiegend kalten, blauvioletten Farbtöne der Viticellas, sind bei Rosen nicht anzutreffen. „Ton in Ton“ Kombinationen sind natürlich auch möglich.
Verwendet man Clematis viticella als Begleiter zu einmalblühenden Kletterrosen, dann beginnen die Blütezeiten gemeinsam im Juni. Ist im Juli dann schließlich die Rosenblütezeit vorbei, blühen die Clematis viticella noch weiterhin bis in den August hinein, einige Sorten bis in den September. Bei öfterblühenden Kletterrosen hat man eine gemeinsame Blütezeit von Juli bis September zu erwarten. Clematis viticella lassen sich auch gut an Gartenzäunen entlang ziehen. Obelisken oder Pergolen sind ideale Untergründe für Clematis viticella.

Clematis viticella 'Etoile Violette' zusammen mit der gesunden Kletterrose 'Super Fairy'.

Clematis viticella 'Margot Koster' zusammen mit der Strauchrose 'Schneewittchen'.

Clematis viticella 'Prince Charles' gehört zu den Klassikern in dieser Clematisgruppe. Diese hellblaue Sorte hat eine sehr gute Fernwirkung.

Die Clematis texensis Familie beginnt ebenfalls in diesem Monat zu blühen. Die meist kleinen, glockigen oder tulpenförmigen Blüten haben ihren besonderen Reiz. Sie wirken etwas zerbrechlich mit ihren fleischigen Blütenblättern, dennoch sind sie sehr wetterfest! Das Laub ist bläulich gefärbt und hat einen gewissen „Lotoseffekt".

Clematis texensis 'Princess Diana'. Sie darf in keinem Garten fehlen! Gesund und blühfreudig den ganzen Sommer hindurch.

Clematis texensis 'Maxima' WELLMAX Die großen Blüten beeindrucken bei dieser neuen Sorte. Auch sie blüht den ganzen Sommer. Die Blüten erreichen eine Größe von 7cm Länge und Durchmesser von 3cm.

Clematis texensis 'Etoile Rosè' und viorna 'Kaiu' sind an Blütenfülle kaum zu übertreffen.

Alle Sorten und Arten dieser Familie lieben einen sonnigen Platz im Garten. Finden sie genügend Wasser und Nährstoffe vor, blühen sie bis September/Oktober unermüdlich. Anschließend werden bei vielen Sorten Früchte ausgebildet die beeindruckend sind. Die Früchte sind silbrig oder goldgelb gefärbt. Die kugelrunden Formen erinnern an einen Wollknäuel. Die ohnehin schon lange Blütezeit wird zusätzlich mit den Früchten noch verlängert. Eine gewisse Empfindlichkeit einzelner Sorten ist gegenüber Mehltau festzustellen. Man kann vorbeugend einen luftigen Standort wählen um diesem Problem aus dem Wege zu gehen.

Wer einen sonnigen Garten hat, sollte nicht auf Clematis texensis verzichten. Hier gemeinsam die Sorten, 'Sir Trevor Lawrence' und 'Duchess of Albany'.

Die Früchte von Clematis texensis 'Buckland Beauty' sind eine Augenweide für sich.

Andere Früchte erscheinen in einem Goldgelb. Hier die Clematis viorna.

JULI

Blütenreicher, sommerlicher Höhepunkt in unseren Gärten. Besonders bei den Rosen und Gartenstauden wird das deutlich. Die Gehölze übernehmen jetzt die Rolle der Hintergrundbegrünung und schaffen räumliche Trennungen, durch Sichtbarrieren oder Sichtachsen. An dieser Stelle kommen die sommerblühenden Clematis ins Spiel, die derartige „Grüne Wände" zum Blühen bringen können. Clematis die im Juni mit ihrer Blütezeit beginnen, haben im Juli ihre Hochblüte und können Farbe in die Gehölze bringen! Ob immergrüne oder laubabwerfende Bäume und Sträucher „dekoriert werden" ist Geschmackssache. Neben den Staudenclematis, den Clematis viticella, den Clematis texensis und den sommerblühenden Hybriden kommen jetzt die duftenden Clematis mit ihrer Blütezeit hinzu. Das sind vorwiegend Clematis flammula und Staudenclematis der heracleifolia Gruppe. Die ersten Clematis der tangutica und orientalis Familie setzen auch mit der Blütezeit ein. Bei einigen Frühsommerblühern werden erste Fruchtstände sichtbar.

Ein Perückenstrauch (Cotinus coggygria 'Royal Purple') dient hier als Kletterhilfe für die Clematis Hybride 'Mrs Cholmondely'.

Dieses Foto entstand in Schweden (Schlosspark Sofiero, Helsingborg). Die dekorativ geschnittenen Hecken trennen die Gartenräume voneinander.

Kübel und Gefäße auf Balkon, Terrasse oder Wintergarten

Clematis viticella 'Venosa Violacea' befindet sich hier in einem Holzkasten mit Scherengitter als Rankhilfe. Eine gute Möglichkeit der Raumtrennung.

Wie schon im Vormonat Juni erwähnt, sollten die Kübel und Gefäße nicht der prallen Sonne ausgesetzt sein, denn das verursacht nur unnötigen Stress für Ihre Clematis. Sorgen Sie für regelmäßige Bewässerung und Düngung. Entfernen Sie das Verblühte und kontrollieren regelmäßig auf Schädlingsbefall. Besonders im Juli verbreiten sich Spinnmilben schnell und werden oft zu spät erkannt.

Ein Außenquartier im Sommer gefällt den „exotischen Clematis" sichtbar gut. Auch hier gilt das Gleiche wie bei den Gefäßen auf Balkon oder Terrasse. Immergrüne Clematis können „in Form gebracht" und jetzt zurückgeschnitten werden. Sollten Sie darauf angewiesen sein, dauerhaft Clematis im Innenraum zu halten, sollte man für gute Luftzirkulation sorgen und auf Schädlingsbefall besonders achten.

Ein geschützter Platz, in der Nähe des Hauses, ist ein idealer Standort für Clematis florida 'Alba Plena', auch zur Überwinterung.

Die immergrünen Clematis cirrhosa 'Isca' haben jetzt etwas „Pause". Wasser und Dünger benötigen sie auch weiterhin im Sommer.

Garten, Hauswand oder Pergola

Wie bereits im Monat Juni beschrieben, können die frühblühenden Clematis der Familien atragene und montana jetzt noch einmal zurückgeschnitten und in Form gebracht werden.

Clematis allgemein: Im Juli können Sie Ihre Clematis in vollen Zügen genießen. Die Pflegearbeiten sind: Wässern, düngen und ausputzen verblühter Blüten. Einige Sorten können Mehltau oder auch andere Blattflecken bekommen. Hier sollte man rechtzeitig Gegenmaßnahmen treffen damit es nur bei einem Anfangsbefall bleibt. Eine Ausbreitung muss auf jeden Fall verhindert werden. Wassergaben sind im Hochsommer bei Trockenheit besonders wichtig! Gießen Sie früh morgens oder am späteren Abend, wenn die Temperaturen etwas zurückgegangen sind. Bei jeder Bewässerung sollte das Laub der Clematis trocken gehalten werden! Im Hochsommer wachsen Clematis schnell und benötigen neben viel Wasser auch eine angemessene Menge Dünger. Eine ausreichende Wassermenge wird leicht unterschätzt, denn in tieferen Bodenschichten des Wurzelbereichs bleibt es oft sehr trocken, obgleich regelmäßig gewässert wurde. Die Oberfläche des Erdbodens ist feucht aber in 30 oder 40 cm Tiefe kann es trocken sein!

Clematis texensis 'Gravetye Beauty' besticht durch ihre blutrote Farbe. Ein sonniger Platz im Garten ist Grundvoraussetzung für eine erfolgreiche Kultur.

Clematis Hybriden frühblühend

Wie schon im Vormonat Juni beschrieben, ist die erste Hauptblütezeit jetzt vorbei und wir erwarten in dem Folgemonat August den zweiten Blütenflor. Voraussetzung hierfür ist, dass die im Juni gebildeten Früchte entfernt wurden. Nur dann ist mit einem vollen zweiten Blütenflor zu rechnen!

Clematis Hybride 'Dr. Ruppel' hier in schönster Vollendung! Der Obelisk darunter ist nicht mehr zu sehen.

Die Clematis Hybride 'Fenna' ist dem Verblühen nahe. Das wird an den Blütenrändern deutlich.

Etwas später erscheinen die Fruchtstände ebenso zahlreich wie die Blüten.

Clematis Hybriden spätblühend

Diese Clematis Gruppe beginnt jetzt mit ihrer Hauptblütezeit. Ein typischer Vertreter ist die altbekannte Clematis Hybride 'Jackmanii'. Sie und vergleichbare Sorten beginnen in der zweiten Julihälfte zu blühen. Die eine oder andere Sorte lässt mit der Blütezeit noch auf sich warten. Einige rotblühende Sorten können schon jetzt die ersten gelben Blätter bekommen. Das ist besonders im unteren Bereich älterer Clematis zu beobachten. Es stellt sich ein gewisser „Herbsteffekt“ ein. Das wird noch deutlicher wenn eine Clematis übermäßig viele Triebe ausbildet, Licht und Sonnenschein dringen dann nicht mehr an die inneren Triebe und die unteren Blätter. Diese Erscheinung kann leicht als Krankheit fehlgedeutet werden.

Clematis Hybride 'Comtesse de Bouchaud' ist eine typische Vertreterin für „sommerblühende Clematis“. Von Juni bis September erscheinen die Blüten dieser gesunden Sorte.

Clematis Hybride 'Jackmanii Superba'. Die Hauptblütezeit fällt in den Juli und August.

Clematis atragene und Clematis montana können jetzt ein wenig „in Form" geschnitten werden. Alle üppig überhängenden Triebe können eingekürzt werden. Mit dem Gießen kann man sparsam sein, das fördert die Knospenbildung für das kommende Jahr.

Clematis der alpina-Gruppe können jetzt so geschnitten werden, wie die Markierung es zeigt.

Die Fruchtstände können beim Rückschnitt umgangen werden.

Staudenclematis der integrifolia- und der heracleifolia- Gruppe haben jetzt ebenfalls ihren Höhepunkt in der Blütezeit. Die leicht duftenden Blüten werden jetzt verstärkt von Bienen und Hummeln besucht und dabei bestäubt. Das bringt später den attraktiven Fruchtschmuck mit sich. Clematis mandshurica (duftend) und Clematis recta sind jetzt ebenfalls in voller Blüte.

Clematis integrifolia 'Olgae'. Die hellblauen Blüten sind leicht duftend. Die Sorte blüht den ganzen Sommer.

Clematis heracleifolia 'Côte d´ Azur' duftet leicht. Auch diese Sorte wird gerne von Hummeln, Bienen und anderen Insekten besucht.

Clematis mandshurica, duftet nach Honig und gilt ebenfalls als „Bienenweide".

Clematis viticella in verschiedenen Sorten mit den unterschiedlichen Blütenformen.

Clematis viticella 'Etoile Violette'. Eine sicher blühende Sorte, die für alle Standorte geeignet ist.

Clematis viticella blühen jetzt über und über. Es ist ein überwältigender Blütenrausch dieser Clematis Familie! Ob Glöckchen oder kleine Tellerblüten, alle blühen gemeinsam und spiegeln die Vielseitigkeit der Clematisblüten wider. Manche Sorten werden mit ihren vielen Trieben und Blüten so schwer, dass sie ein wenig zusätzlichen Halt benötigen.

Clematis texensis stehen den C. viticella in nichts nach, denn sie haben jetzt ebenso ihre Hochblütezeit. Es überschneiden sich die Blütezeiten der frühen und der spätblühenden Sorten. Achten Sie besonders in diesem Monat auf Mehltaubefall und treffen Sie rechtzeitig Gegenmaßnahmen, dann haben Sie den ganzen Sommer weiterhin Freude an Ihren Clematis texensis. Hochsommer ist texensis Zeit. Bei Trockenheit bitte unbedingt gießen!

Clematis texensis 'Peveril Profusion'. Sie blüht als erstes (Anfang Juni) unter den Texensis.

Clematis viorna 'Odoriba'. Eine bemerkenswerte Sorte, die mächtige Ausmaße erreichen kann. Sie blüht von Ende Juni bis September überreich.

Bei ungünstigen Bedingungen kann der erste Mehltau an Stängeln sichtbar werden. Bekämpfung siehe Seite 92.

Clematis glaucophylla gehört auch in die texensis Familie. Sie bleibt zierlich und niedrig.

Clematis 'Helios' : Kreuzung aus C. orientalis und serratifolia. Frühzeitig einsetzende Blütezeit ab Mai. Fruchtschmuck ab Juli.

Clematis orientalis (botanische Art). Es gibt eine Vielzahl von Variationen, die sich in Blütezeit und Wachstum unterscheiden.

Clematis orientalis und tangutica

Einige Sorten stehen jetzt schon in voller Blüte, andere bilden jetzt ihre ersten Knospen aus und bei weiteren, späten Sorten erkennen wir bisher „nur Grün“. Erst im August und September werden hier die Knospen sichtbar.

Clematis serratifolia 'Golden Tiara 'KUGOTIA hat dunkle, fast schwarze Staubgefäße, die einen guten Kontrast zur Blüte bilden. Lange Blütezeit ab Juli.

Clematis flammula. Stark duftende Waldrebe mit tausenden von Blüten. Gleichzeitig Bienenweide.

Einige Clematis Sonderformen wie flammula, rubromarginata, rehderiana, Paul Farges u.ä. blühen ebenfalls jetzt und begeistern mit hunderten von Blüten, andere mit einem herrlichen Duft.

Clematis aromatica, stark duftende Staudenclematis, die nur ca. einen Meter hoch wird.

Clematis fargesioides od. 'Paul Farges' wurde 1964 im botanischen Garten Nikita, Jalta, (Krim) gezüchtet. Die Clematis verkörpert „die perfekte Clematis". Niemals krank, andauernde Blütezeit von Juni bis Oktober, starkes Wachstum und absolut winterhart.

Clematis triternata rubromarginata (od. flammula rubramarginata). Sie duftet am stärksten aller Clematis.

Clematis rehderiana duftet nach Schlüsselblumen. Eine spätblühende Clematis. Die letzten Blüten erscheinen noch im November.

AUGUST

In den beiden vorangegangenen heißen Monaten mußte man sich verstärkt um die Wasserversorgung seiner Pflanzen kümmern. August ist immer noch Hochsommer, aber die Temperaturen gehen langsam wieder auf ein erträgliches Maß zurück und der Wasserverbrauch normalisiert sich allmählich. Das fühlen auch Ihre Clematis, sie werden wieder „lebendiger“ als es noch im Juli der Fall war.

Bei vielen Clematis, Rosen und Gartenstauden steht jetzt der zweite Blütenflor an.

Die beste Pflanzzeit für Clematis beginnt jetzt wieder im August! Vielerorts gibt es jetzt blühende Clematis im Angebot. Achten Sie beim Kauf auf gesunde Pflanzen die keinerlei Blattflecken aufweisen. Sommerzeit ist auch zugleich Schädlingszeit. Achten Sie besonders jetzt auf Fraßspuren von Raupen, Saugschäden durch Blattläuse oder durch Spinnmilben. Schnecken sind die Clematisfeinde Nr. 1 und man sollte ihnen besondere Aufmerksamkeit schenken. Als nachtaktive Schädlinge verbringen sie den Tag in ihren Verstecken unter Steinen, Mulchmaterial oder dichtem Pflanzenbewuchs.

August, ein Monat zum Genießen. Im August fallen vergleichsweise wenig Pflegearbeiten bei Clematis an. Im Vordergrund, die Staudenclematis Clematis integrifolia ‘Juuli’.

Clematis Hybride 'Warzsawska Nike', freistehend an einem Obelisk, als Hintergrund im Staudenbeet.

Clematis florida 'Alba Plena' als Kübelpflanze an einem geschützten Terrassenplatz. Ein schöner Blickfang an dem Gartenhäuschen.

Clematis Hybride 'Yukiokoshi'. Hier ist auch der zweite Blütenflor gefüllt.

Vielfalt in unseren Gärten mit Stauden, Rosen, Clematis und vielen Sommerblumen.

Schädlinge machen sich besonders im Sommer breit. Raupeneier werden bevorzugt an der Blattunterseite abgelegt.

Raupen, verschiedener Nachtfalter und Schmetterlinge fressen Löcher in die Blätter.

Ameisen tragen gerne schwarze oder grüne Blattläuse an die weichen Pflanzenteile.

Schnecken kann man als Clematis-Feinde Nr. 1 bezeichnen. Mehr dazu Seite 93.

Kübel und Gefäße auf Balkon, Terrasse oder Wintergarten

Im August stehen viele Clematis in voller Blüte und sollten auch jetzt regelmässig gewässert und gedüngt werden. Achten Sie besonders darauf, dass bei hohen Niederschlagsmengen das Substrat nicht vernässt. Im August können verstärkt Raupen an vielen Zierpflanzen Lochfraß verursachen.

Clematis Hybride 'Dubysa', zählt zu den besten Clematis mit Eignung für Kübel und Gefäße! Durchgehende Blütezeit von Juni bis September.

Clematis Hybride 'Edomurasaki', hier in einem Terracottagefäß. Sie blüht ebenfalls den ganzen Sommer hindurch.

Ist das Gefäß aus Wintergarten oder Gewächshaus ausquartiert worden, dann können Sie es genauso behandeln wie oben beschrieben. Steht es weiterhin im Innenbereich, dann ist ständig auf Schädlingsbefall zu achten. Wasser und Dünger müssen weiterhin regelmäßig gegeben werden. Der eine oder andere Trieb muss gelenkt oder kann leicht zurückgeschnitten werden.

Unsere nützlichen Insekten wie Bienen und Hummeln benötigen mehr denn je unsere Aufmerksamkeit! Auch viele Clematis werden als „Nektarlieferant“ genutzt.

Clematis jouiniana ‘Mrs Robert Brydon’ ist Futterpflanze der Insekten. Im Sommer wimmelt es von Bienen, Hummeln und Schmetterlingen.

Garten, Hauswand oder Pergola

Die „Gartenclematis“ sollte man immer wieder überprüfen ob Verblühtes vorhanden ist und ob es entfernt werden kann. Auch Fruchtschmuck stellt sich bei vielen Sorten ein. Da sollte man abwägen ob der damit verbundene Zierwert erhalten bleiben soll oder die noch andauernde Blütezeit verlängert werden kann. Clematis wachsen auch in diesem Monat täglich mehrere cm. Hier sollte man darauf achten, dass sie nicht in eine unerwünschte Richtung wachsen. Im Bedarfsfall sollte man hier ein wenig leiten und fixieren. Wichtig im Hochsommer! Unsere Hummeln und Bienen sind jetzt eifrig auf der Suche nach Nektar. Viele Clematis bieten sich als „Futterpflanzen“ an.

Clematis serratifolia ‘Golden Tiara’KUGOTIA werden gern von Hummeln angeflogen.

Clematis rehderiana sind bis spät in der Herbst hinein wichtige Nahrungspflanzen für Bienen und Hummeln.

<u>Clematis Hybriden frühblühend:</u> Der zweite Blütenflor setzt in diesem Monat ein. Bei dieser Clematisgruppe hat der erste Blütenflor besonders im unteren Bereich der Clematis stattgefunden. Jetzt im Sommer bis Spätsommer erscheinen die Blüten endständig an den jungen Trieben, die in den letzten Wochen gewachsen sind. Endständig heißt, dass die Blüten im oberen Bereich der Pflanzen erscheinen.

<u>Clematis Hybriden spätblühend:</u> Sie blühen seit Juli und der Blütenflor hält noch bis September an. Die meisten Blüten sind steril in dieser Clematisgruppe. Es werden folglich keine Früchte ausgebildet. Dadurch entsteht eine lange Blütezeit, die Garant für einen guten Zierwert ist!

Clematis Hybride 'Tae'TOLTAE ist jetzt im zweiten Blütenflor.

Clematis Hybride 'Agnessa' ist jetzt bei 3 m angekommen und blüht das zweite Mal in dieser Saison.

Clematis Hybride 'Semu', ist bemerkenswert reichblühend und gesund mit langer Blütezeit.

Wichtig! Nicht verpassen, letzter Termin für den Sommerschnitt!

<u>Clematis atragene</u> und <u>Clematis montana:</u> „In Form bringen" kann jetzt noch nachgeholt werden, wenn das noch nicht im Vormonat Juli geschehen ist! Auf Schnecken und Raupenbefall ist besonders zu achten. Die Blätter können angefressen sein.

Staudenclematis bilden jetzt die ersten Früchte aus. Silbrig weiße oder goldgelbe Watteknäuel lösen langsam die glockenförmigen Blüten ab. Hier stellt sich die Frage: Entfernen oder an den Pflanzen belassen? Silber- oder goldfarbene Früchte haben ihren ganz besonderen Reiz wenn sie an den Pflanzen erhalten bleiben. Ein kontrastreiches Gesamtbild stellt sich hier ein. Überlässt man der Fruchtausbildung ihren freien Lauf, gibt es in den darauffolgenden Wochen kaum noch Blüten zu sehen. Greift man jedoch zur Schere und entfernt die noch jungen Früchte, dann geht der Blütenflor noch deutlich weiter! Bis in den September werden dann fortlaufend Blüten gebildet.

In diesem Monat kann es bei ungünstiger Witterung zu Stängelmehltau kommen, der sich langsam auf alle Pflanzenteile ausbreiten kann. Hier sollte man aufmerksam sein.

Viele Fruchtstände reifen nach und nach heran. Hier Clematis florida (botanische Art)

Clematis 'Josie´s Midnight Blue' hat anfangs silbrige, später goldgelbe Fruchtstände.

Reifer Fruchtschmuck der Clematissorte cylindrica 'Swedish Bells'

Nach wenigen Wochen sind die Früchte erntereif geworden. (siehe September & Oktober)

AUGUST

Clematis viticella können jetzt noch voll erblühen oder aber schon dem Verblühen nah sein. Wenn im Vormonat Juli nicht ausreichend gegossen wurde, endet die Blütezeit schon sehr früh im August. Werden die Blüten in diesem Monat deutlich kleiner als das üblicherweise der Fall ist, dann ist eindeutig zu wenig Wasser gegeben worden. Es ist nie zu spät zum Gießen, das kann auch jetzt noch nachgeholt werden. Die Clematis und deren Blüten erholen sich in kurzer Zeit sichtlich. In nassen Jahren hingegen können einige Blüten verregnen. Glöckchen sind davon eher nicht betroffen. Das untere Laub kann vorzeitig gelb oder braun werden.

Clematis viticella 'Entel' ist jetzt in „Hochform", beeindruckend.

Clematis texensis lieben Wärme und sonnige Plätze, das ist bekannt. Die festen und stabilen Blüten halten sehr gut in der Vase. Schneiden Sie gerne ein kleines Blumensträußchen von den Clematis ab und erfreuen sich auch an regnerischen Tagen daran. Während der Blütezeit reifen schon attraktive Früchte heran. Meist sind sie goldgelb gefärbt und bilden kugelrunde, drahtige Bällchen. Zusammen mit den tulpenförmigen Blüten ergibt sich ein schönes Ensemble. Dazu bildet die bläulich grünliche Belaubung einen zusätzlichen Kontrast.

Clematis texensis ,'Maxima' WELLMAX die Blüten halten gut in der Blumenvase. Schneiden Sie gerne ein kleines Sträußchen ab.

Clematis texensis 'Sprite' ist ebenfalls als Schnittblume zu verwenden. Ist zur Zeit noch nicht im Handel.

Die Früchte von Clematis viorna werden jetzt schon reif und können geerntet werden.

Clematis orientalis, tangutica und vitalba sind in Hochblüte. Das starke Wachstum dieser Gruppen wird in diesem Monat besonders deutlich. Es ist bei einigen Sorten überwältigend und deutlich am Zuwachs zu sehen. Manchmal wird es nötig einer Clematis orientalis oder vitalba Grenzen aufzuzeigen, indem man zur Schere greift und den einen oder anderen Trieb abschneidet oder etwas einkürzt.

Clematis serratifolia. Die Gruppe der orientalis bilden mehr und mehr Früchte aus und blühen dennoch immer weiter bis in den späten Herbst.

Clematis orientalis 'Red Balloon', ist erst gelb, später Ocker bis rötlich, dann die silbrigen Früchte. Ein Feuerwerk der Herbstfarben beginnt.

Clematis orientalis 'Corry', die Früchte.

Clematis orientalis 'Orange Peel'. Goldgelbe Blüten mit dunkelroten Stängeln. Ein schöner Kontrast.

SEPTEMBER

Der Pflanzmonat für Clematis schlechthin ist der September! Viele Argumente sind eindeutig und sprechen dafür. Hier einige Gründe: Saisonbeginn der neuen Kultur, junge wüchsige Pflanzen kommen in den Verkauf und die Auswahl ist am größten. Die Bodentemperaturen sind vom ganzen Jahr jetzt am wärmsten (18°- 20°C in 20 cm Bodentiefe), Hauptwurzelbildung nach der ersten Blütezeit im Kulturjahr. Ausgereifte Blätter und Triebe, die einen schadlosen Versand zulassen. Kein Trocken- oder Hitzestress, weder beim Transport noch bei der Pflanzung. Die spätblühenden Clematis sind jetzt besonders wichtig und bringen Farbe in den Garten. Fruchtschmuck gehört natürlich auch dazu, schließlich sind September und Oktober auch Erntemonate. Samen von zahlreichen Clematis können jetzt geerntet werden. Nach einer Zeit der Trocknung (zwei bis drei Wochen) kann dann im kommenden Frühjahr ausgesät werden.

Wichtig: Man sollte in dieser Zeit keinen Rückschnitt an den Clematis durchführen!

Clematis chinensis zählt zu den herbstblühenden Clematis. Sie gehört der Clematis flammula Gruppe an und duftet leicht.

Kübel und Gefäße auf Balkon, Terrasse oder Wintergarten

Auf zu viel Feuchtigkeit oder Nässe sollte man besonders achten. Häufige Regenfälle sind in dieser Zeit keine Seltenheit und können Schäden an den Wurzeln verursachen. Schließlich leiden auch die Blätter.

Clematis Hybride 'Sparkler'. Als Kübelpflanze wir es jetzt Zeit, dass das Gefäß trocken unter Dach kommt. Die Niederschläge in den kommenden Wochen wirken sich schädlich aus.

Die aus Wintergarten oder Gewächshaus ausquartierten Gefäße können bald für den Rücktransport in die Winterquartiere vorbereitet werden.

Clematis aethusifolia 'Peveril' ist eine spektakuläre Neuheit unter den Clematis für Kübel und Gefäße. Zur Zeit ist sie noch nicht im Handel.

Garten, Hauswand oder Pergola

Clematis triternata 'Tranquility' ist „Klein aber fein". Das gilt aber nur für die Blüten! Die spätblühende Clematis wächst stark und kann bis 4 m pro Jahr wachsen. Ein idealer Begleiter zu vielen Gehölzen.

Clematis allgemein: **Die beste Pflanzzeit für alle Clematis ist jetzt im September! Das Anwachsen der neu zu pflanzenden Clematis kann man zu dieser Zeit als „eine sichere Sache" bezeichnen. Die Familienzugehörigkeit der einzelnen Sorten spielt dabei diesmal keine wesentliche Rolle. Im Pflanzmonat September nutzt man besonders die jetzt verstärkt stattfindende neue Wurzelbildung aus! Das gilt für alle Clematis gleichermaßen.**

September, der Pflanzmonat! Um diese Zeit werden bei Clematis viele neue Wurzeln gebildet. Das sollte man sich zu Nutze machen. Weiße Wurzelspitzen sind ein Indiz für gesunde Pflanzen.

Clematis Hybride 'Edomurasaki' mit dem zweiten Blütenflor. Die Früchte des ersten Blütenflors werden jetzt reif und können geerntet werden.

Clematis Hybriden frühblühend: Der zweite Blütenflor geht hier langsam zu Ende. Die Früchte aus dem ersten Blütenflor, wenn sie daran geblieben sind, reifen langsam heran und können bald geerntet werden. Diese Samen müssen jetzt getrocknet werden und können dann im Spätwinter oder im zeitigen Frühjahr ausgesät werden. Mit etwas Geduld und Glück kann so eine Clematis-Neuheit entstehen. Viele Clematis-Züchtungen sind so in privaten Gärten entstanden.

Clematis Hybriden spätblühend: Bei ihnen erleben wir jetzt das Ende der Hauptblütezeit. Die Laubblätter sind dunkelgrün und lederartig geworden, zum Teil sind sie rötlich verfärbt. Das sind die ersten Anzeichen für Herbstfärbung. Mit dem Ende der Blütezeit werden auch hier verstärkt neue Wurzeln gebildet. Spätblühende Clematis Hybriden sind nicht so fruchtbar wie ihre frühblühenden Verwandten! Samenansätze sind hier eine Ausnahme.

Reifer Fruchtschmuck von der Clematis Hybride 'Agnessa'

Clematis Hybride 'Yukikomachi'. Die letzten Blüten sind dem Verblühen nahe und bekommen sichtlich braune Ränder.

Clematis atragene und Clematis montana: Beide Gruppen benötigen zu dieser Zeit wenig Aufmerksamkeit. Es kann sich auf Maßnahmen beschränken, die die hohe Bodenfeuchtigkeit verringern.

Staudenclematis ergeben mit ihren wolligen Früchten ein ansehnliches Bild. Das passt sehr gut in die Herbstzeit. Die Früchte beginnen langsam zu reifen und aus den grünen Samen werden langsam goldgelbe. Die Stängel weisen gelegentlich Mehltau auf. In dieser Jahreszeit ist diese Krankheit nicht von großer Bedeutung. Gravierende Schädigungen an den Clematis sind nicht zu befürchten.

Clematis viticella: Die Blütezeit neigt sich dem Ende zu. Bis auf wenige Ausnahmen reifen auch hier die Früchte langsam heran. Die Samen der Clematis viticella sind von allen Clematissamen die größten und können Durchmesser von 1 cm erreichen. Die eine oder andere Sorte bekommt schon im unteren Bereich Herbstlaub und verbräunt zusehends. Kein Grund um beunruhigt zu sein.

Clematisfrüchte werden reif und können geerntet werden. Hier die Clematis mandshurica.

Clematis macropetala.

Clematis integrifolia

Clematis alpina

Clematis aromatica

Clematis texensis verhalten sich ähnlich wie die beiden vorangegangenen Gruppen. Samenreife und Herbstlaub werden jetzt täglich deutlicher. Einige Sorten blühen jetzt in voller Pracht. Herausragend ist die Sorte 'Kaiu', denn sie blüht über und über und das wird noch einige Wochen andauern. Bemerkenswert in diesem Zusammenhang ist die Tatsache, dass die sterile 'Kaiu' zwar keine Samen ansetzt, dafür aber unermüdlich blüht! Clematis orientalis, tangutica und vitalba sind in dieser Zeit in Hochform und blühen über und über. Blüten und Früchte erscheinen gemeinsam. Obgleich die Blüten nicht steril sind, scheint es keineswegs zu einer Beeinträchtigung des Blühens, durch die Früchte, zu kommen. Im Gegenteil, Blüten und Früchte gehören zusammen und geben ein harmonisches Gesamtbild ab. An den Lärmschutzwänden unserer Autobahnen wachsen Clematis vitalba und Knöterich um die Wette.

Clematis tangutica 'Lambton Park'. Die Blüten sind bis zu 4 cm groß.

Clematis connata ist etwas für Kenner und Sammler.

Clematis viorna 'Kaiu' blüht von Juli bis Oktober. Die Blüten sind ausgesprochen wetterfest.

OKTOBER

Es ist noch immer Pflanzzeit für Clematis. Für viele Gehölze und besonders für Rosen beginnt die Hauptpflanzzeit erst jetzt. Ähnlich wie bei den Clematis im Vormonat wird die positive Bodentemperatur mit ausgenutzt. Der Herbst hält Einzug, die Blätter werden braun und fallen schließlich ab. Die eine oder andere Clematis behält noch hartnäckig ihre Belaubung, nur die Blattfarbe hat sich von grün nach rötlich verfärbt. Bei einigen Sorten werden die heranschwellenden Augen für das nächste Jahr schon so deutlich sichtbar, dass es schwer zu glauben ist, sie kommen schadlos über den bevorstehenden Winter. Das ist und war für Clematis nie ein großes Problem. Klimawandel ja oder nein? Es ist noch zu warm um zurückzuschneiden. Erst gegen Ende des Monats kann ein Rückschnitt in Betracht kommen. Einige Frostnächte, bzw. frostige Tage sollten schon gewesen sein um die Winterruhe einzuleiten. Staudenclematis ziehen jetzt ein und nur die oberirdischen Pflanzenteile sterben ab. Die Samen auch der spätblühenden Clematis werden jetzt reif, können geerntet und anschließend getrocknet werden.

Clematis serratifolia 'Grace' Anfang Oktober in vollem Fruchtschmuck.

Kübel und Gefäße auf Balkon, Terrasse oder Wintergarten

Im Monat Oktober gilt es noch mehr als im September auf zu viel Feuchtigkeit oder Nässe zu achten. Niederschläge häufen sich. Abhilfe schafft ein überdachter Platz im Freien. Das kann ein Carport, eine Garage oder ein Dachüberstand sein. Selbst eine Giebelwand kann vor zu viel Regen schützen. Bereiten Sie das Winterquartier langsam vor. Kasemattenschächte sind ideale Winterquartiere für Clematis!

Clematis orientalis 'Orange Peel'

Clematis in Gefäßen stehen jetzt „unter Dach" vor zu viel Regen geschützt.

Wer einen Wintergarten hat, der sollte jetzt seine frostempfindlichen Clematis und andere Kübelpflanzen dort platzieren. Es sollte nicht zu warm sein, denn selbst die frostempfindlichen Clematis lieben es kühl und luftig, viele andere Kübelpflanzen übrigens auch. Eine genaue Kontrolle auf Schädlinge sollte auf jeden Fall vor dem Einwintern durchgeführt werden.

Clematis integrifolia 'Arabella'

Clematis cylindrica 'Millie'

Garten, Hauswand oder Pergola

In unseren Gärten wird es Herbst, die Blätter der Bäume verfärben sich in den schönsten Farben, Hagebutten reifen heran und werden feurig rot. Äpfel, Kürbis und andere Gartenfrüchte werden geerntet. Clematis haben an verschiedenen Stellen alles „unter sich begraben" und es wird jetzt Zeit um dort wieder „für Ordnung" zu sorgen. Ob ein Gehölz, eine Rose, ein Gartenzaun, ein Obelisk oder das Gartenhäuschen von der Clematis befreit werden muss, ist immer eine individuelle Entscheidung. Befreien heißt schneiden, aber das sollte erst gegen Ende des Monats erfolgen. Bei Clematis ist es wichtig zu wissen, dass ein Schnitt zeitnah in der Winterruheperiode erfolgen sollte. Ende Oktober beginnt diese Ruhephase. Sie beginnt auch dann, wenn die Temperaturen noch hoch sind und wir vom Winter „sehr weit weg sind"! Die kurze Tageslänge ist hier entscheidend. Clematis stellen sich jetzt langsam auf „Winterruhe" um. Hier kommen die Rückschnittgruppen ins Spiel, (Seiten 90-91) denn nicht alle Clematis dürfen jetzt geschnitten werden!

Clematis maximowiciana blühen gemeinsam mit reifen Hagebutten.

Clematis maximowiciana sind die Clematis, die als letztes in unseren Gärten blühen.

Clematis serratifolia verblühen jetzt allmählich.

Clematis songarica 'Sundance' wächst strauchartig und blüht jetzt voll.

Clematis Hybriden frühblühend: Die angesetzten Früchte aus dem ersten Blütenflor sind jetzt reif und können geerntet werden. Sie sollten jetzt getrocknet werden, andernfalls fangen sie zu schimmeln an. Die Aussaat kann dann im kommenden Winter oder Frühjahr erfolgen. Lange Triebe die im Sommer gewachsen sind und geblüht haben, können jetzt leicht zurückgeschnitten werden.

Clematis Hybriden spätblühend: Früchte wie bei den frühblühenden Hybriden sind so gut wie gar nicht zu finden. Auch diese Clematis können zurückgeschnitten werden. Hier kann man deutlich tiefer zurückschneiden.

Früchte der Clematis crispa.

Clematis fusca Früchte.

Clematis Herbstlaub stellt sich ab Oktober ein. Hier Clematis Hybriden.

Herbstlaub von atragenen Clematis. Hier Clematis koreana.

Herbstlaub von rotblühenden Clematishybriden.

Clematis atragene und Clematis montana: Die beiden frühblühenden Clematis Gruppen sollte man jetzt in Ruhe lassen und nicht mit einem Rückschnitt stören. Es könnten ungewollt die vorhandenen Blütenanlagen für das kommende Frühjahr entfernt werden!

Clematis montana sollten jetzt nicht zurückgeschnitten werden.

Clematis montana überstehen die ersten Nachtfröste noch schadlos.

Clematis alpina und macropetala sind an Hauswänden noch nicht sehr herbstlich, wenn der Oktober sehr warm ist.

Clematis alpina (botanische Art) bekommen im Vergleich zu Kletterrosen schon deutlich eher Herbstlaub. Die Vegetation für C. alpina ist weitgehend abgeschlossen. Foto: Planten und Blomen, Hamburg Ende Oktober 2016.

Staudenclematis sind mit ihrer Vegetation so weit, dass sie jetzt auf Winterruhe eingestellt sind. Sie ziehen ein und alle oberirdischen Pflanzenteile sterben langsam ab. Die Augen an der Basis schwellen schon deutlich sichtbar an und bilden später die jungen Triebe für das nächste Jahr aus. Wer seinen Garten schon jetzt winterfit macht, kann die Staudenclematis bereits tief zurückschneiden.

<u>Clematis viticella:</u> Die Blütezeit ist hier zu Ende. Man sieht den Pflanzen deutlich an, dass auch hier der nahende Winter bevor steht. Einige, wenige Sorten haben noch grüne Blätter. Die Samen werden reif und färben sich goldbraun. Der Rückschnitt sollte noch etwas auf sich warten lassen. So mancher Oktober bringt noch sommerliche Temperaturen mit sich, da ist ein zu früher Rückschnitt nicht sehr hilfreich. Clematis viticella sollte man erst ab November zurückschneiden.

<u>Clematis viticella: Es geht auch ohne Rückschnitt!</u>

Alle Clematis viticella verholzen nach und nach von unten her. Der Blütenansatz beginnt im oberen Bereich. Das kann bei einer Höhe von 1 – 2 m sein. Schneidet man sie nicht tief zurück, dann treiben sie verstärkt in dieser Höhe aus. Das Resultat wäre ein jährlicher Zuwachs von ca. 2 m. Eine Clematis viticella könnte so nach drei Jahren, ohne einen Rückschnitt, 6 m erreichen. Das kann in verschiedenen Gartensituationen erwünscht sein. Gleichzeitig nimmt man in Kauf, dass der untere Bereich dieser Pflanzen verholzt bleibt und allmählich verkahlt.

Clematis viticella, Raureif in den frühen Morgenstunden.

Früchte der Clematis viticella.

Clematis texensis sind mit ihrer Vegetation am Ende und können schon zurückgeschnitten werden. Alle Clematis texensis sind Halbsträucher und ziehen wie die Staudenclematis ein. Die Triebe sind über den Sommer zwar verholzt, werden aber zum Winter völlig trocken und sterben bis auf wenige Zentimeter über dem Erdboden ab. Das ist vergleichbar mit den Staudenclematis. Die Augen am Grunde der Pflanze sind zu dieser Zeit winzig klein und kaum wahrnehmbar. Sie treiben erst im späten Frühjahr wieder aus.

Alle Clematis der texensis Gruppe sind mit ihrer Vegetation am Ende und können schon tief zurückgeschnitten werden.

Clematis orientalis und tangutica sind zu dieser Zeit in Hochform. Im Vergleich zu anderen Clematis sind die Blätter noch dunkelgrün und völlig funktionsfähig. Von Herbstlaub keine Spur! Einige Sorten, z.B. orientalis 'Orange Peel' fangen erst jetzt an, die ersten Blüten zu öffnen. Dazu gibt es kontrastreiche rote Triebe. Erst in den Monaten November und Dezember ändert sich das. Die Triebe von diesem Sommer sind sichtlich verholzt, haben eine beträchtliche Länge und eine Bleistiftstärke erreicht. Vier Meter in einem Sommer sind keine Seltenheit für diese Clematisgruppe. Der Rückschnitt kann im Folgemonat durchgeführt werden.

Clematis flammula haben jetzt noch grüne Blätter und reife Früchte.

Fruchtschmuck bei Clematis orientalis 'Orange Peel'.

Clematis vitalba haben sich jetzt ausgetobt und sind bei 7 m angekommen. Die Früchte sind an jeder Autobahn-Lärmschutzwand unübersehbar. Clematis vitalba wächst dort mit Knöterich (Polygonum/Fallopia) um die Wette!

Clematis vitalba, unsere heimische Clematis.

Clematis vitalba, der Fruchtschmuck ist unübersehbar.

Clematis songarica 'Sundance', die Früchte.

Clematis vitalba bilden herrliche „Perücken" für Bäume aus. 10 Meter Wuchslänge sind keine Seltenheit.

Bei milden Temperaturen kann noch immer gepflanzt werden, obgleich der November sehr unbeständig sein kann. Es wird täglich kälter und der Herbst ist allgegenwärtig. In Kürze steht der Winter vor der Tür. Einige Clematis brauchen jetzt etwas Aufmerksamkeit, bevor der Winter endgültig Einzug hält. Der Aufwand ist überschaubar und hält sich in Grenzen. Die Clematis in den Gefäßen müssen für das Winterquartier vorbereitet werden. Halten Sie die nötigen Utensilien dafür schon einmal bereit. Das können Reetmatten, Luftpolsterfolien, Kokosmatten, Jutesäcke oder ähnliche Materialien sein. Die meisten Gartenclematis benötigen keinen zusätzlichen Winterschutz! Wenn es bisher noch keinen stärkeren Frost gegeben hat, sind die Blätter der Clematis noch grün und vermitteln den Eindruck sie seien noch voll aktiv. Dennoch bereiten sich die Clematis auf den nahenden Winter vor und ziehen langsam ein. Eine typische Herbstfärbung können wir nur bei einigen Clematis feststellen. Der Rückschnitt der sommerblühenden und frühsommerblühenden Clematis kann ab Ende des Monats durchgeführt werden. Dabei ist es gleichgültig ob es sich um Wildarten oder um Hybrid-Züchtungen handelt.

Clematis in Kübel und Gefäße sollten jetzt auf das Winterquartier vorbereitet werden.

Kübel und Gefäße auf Balkon, Terrasse oder Wintergarten

Auf zu viel Feuchtigkeit oder Nässe sollte man besonders achten. Das ist schon im Vormonat beschrieben worden. Für das Winterquartier gilt: Laubabwerfende Clematis können dunkel überwintert werden. Sie benötigen kaum Wasser über den Winter, denn die Speicherwurzeln bringen einen gewissen „Wasservorrat“ mit. Die Temperaturen sollten zwischen +5°C und –10°C liegen. Es kann durchaus auch zeitweise wärmer oder auch deutlich kälter sein. Das schadet nicht. In den letzten Jahren sind die Winter deutlich milder geworden und man konnte auf Winterschutz völlig verzichten.

Clematis napaulensis sollten nicht mehr als - 5° Celsius ausgesetzt werden.

Empfindliche Sorten, wie Clematis florida ‘Alba Plena‘ benötigen einen geschützten Platz.

Die ausquartierten Gefäße mit Clematis sollten jetzt in den Wintergarten oder ins Gewächshaus gebracht werden. Immergrüne Clematis müssen hell und kühl aufgestellt werden. Ein wenig Frost schadet dabei nicht. Es sollten nicht unter -5°C sein. Bei deutlich tieferen Temperaturen können solche Clematis Frostschäden erleiden. Mäßig gießen und dem Wachstum angepasst düngen.

Clematis cirrhosa ‘Isca‘ sollte man unverzüglich nach innen stellen.

Clematis forsterii ‘Cartmanii Joe‘ gehören jetzt auch in den Wintergarten.

Garten, Hauswand oder Pergola

Die Gartenclematis gehen jetzt in die Winterruhe. Die zum Teil noch vorhandene Belaubung ist sehr unterschiedlich ausgeprägt. Bei einigen Arten ist das Laub schon völlig abgestorben. Andere hingegen sind noch saftig grün. Die spätblühenden Clematis schließen auch sehr spät in ihrer Vegetation ab und das noch grüne Laub vergeht dann erst im Dezember.

Auch die spätblühende Clematis maximowiciana geht jetzt „in den Herbst", obwohl sie noch wenige Tage vorher voll geblüht hat.

Man sollte sich jetzt intensiv mit dem Rückschnitt aller sommerblühenden Clematis befassen. Diese gehören der Rückschnittgruppe 3 an. Auch die frühsommerblühenden Clematis der Rückschnittgruppe 2 werden jetzt zurückgeschnitten. Wer noch etwas abwarten möchte kann den Rückschnitt noch verschieben. Dieser wichtige Rückschnitt kann bis in das zeitige Frühjahr gelegt werden. Spätestens Ende Februar, Anfang März sollte aber zurückgeschnitten sein! Ausnahme, bei langen und kalten Wintern. (Ende März)

Rückschnitt ausführlich Seite 90-91

Der erste Schnee verwandelt unsere Gärten in eine schöne Winterlandschaft und setzt den Clematis eine kleine „Haube“ auf.

Nach den ersten Frostnächten werden am frühen Morgen Eiskristalle an den Clematis-Früchten sichtbar. Beinahe unwirklich aber wunderschön.

DEZEMBER

Die abschließenden Gartenarbeiten werden jetzt durchgeführt. Das restliche Herbstlaub befindet sich oft noch zwischen den Rosen und vielen anderen Büschen. Das Laub hier entfernen heißt auch, Vorsorge gegen Schädlinge für die kommende Saison treffen. Es werden z.B. Schneckeneier oder Puppen und Larven von Dickmaulrüsslern mit entfernt. Abgestorbenes Laub beseitigen ist wichtig, besonders das der Clematis. Das beugt Pilzinfektionen und Schädlingsbefall in der nächsten Saison vor!

Die letzten Arbeiten vor dem Winter sollten jetzt getätigt werden. Laubreste entfernen, Rückschnitte durchführen und die Überwinterung fertig stellen.

Wer bisher noch nicht zurückgeschnitten hat, sollte das jetzt nachholen. Die Triebe können einfach durchtrennt werden und noch an den Kletterhilfen, Rosen oder Sträuchern verbleiben. Das Entfernen der Clematis-Triebe kann deutlich später geschehen. Warten Sie damit noch vier bis sechs Wochen, das erleichtert das schwierige Herausziehen deutlich. Besonders bei Kletter- oder Strauchrosen hat man dann keine „lästigen Blätter mit Blattstielranken“ zwischen seinen Pflanzen. Die Clematisblätter sind jetzt vom Wind und Frost soweit eingetrocknet, dass sie regelrecht zerfallen.

Die frostigen Temperaturen lassen bizarre und wunderschöne Eisskulpturen entstehen!

Clematistriebe, die sich zwischen Rosen und Gehölzen befinden, lassen sich jetzt gut herausziehen und nach dem Rückschnitt entfernen.

Für die Clematis die sich in Kübel oder Gefäßen befinden, ist jetzt der Winterschutz erste Priorität!

Kübel und Gefäße auf Balkon, Terrasse oder Wintergarten

Jetzt ist der richtige Zeitpunkt gekommen um die Clematis vor strengem Frost zu schützen. Die Hilfsmittel wie Schilfrohrmatte, Jutesäcke, Vliese, nicht benötigte Textilien oder Luftpolsterfolie liefern gute Dienste. Die Verwendung von Folien sollte so gestaltet sein, dass ein Luftaustausch sichergestellt ist! Andere luftdurchlässige Materialien bieten deutliche Vorteile. Man muss sich grundsätzlich darüber im Klaren sein, dass jedes Gefäß nach einigen Tagen oder Wochen Frostperiode „trocken gefroren" ist. Es gibt in jedem Winter immer einige Tage die frostfrei sind. Diese Tage sollte man nutzen um den Clematis die notwendige Wassermenge zuzuführen. Hier kann Schnee z.B. sehr hilfreich sein. Öffnen oder lockern Sie, zum Auftauen, das schützende Material.

Auf diesen Fotos sehen Sie drei verschiedene Möglichkeiten die Gefäße über den Winter zu schützen. Luftaustausch ist gewährleistet!

Jede isolierende Schicht hält den Frost eine gewisse Zeit ab und verhindert Schäden an den Wurzeln. Es dauert eine Weile, bis der Frost auch im Inneren angekommen ist. Der Wurzelballen kann etwas hoch frieren. Konisch geformte Gefäße bieten Vorteile! Sind sie hingegen ballig in ihrer Form, besteht immer die Gefahr, dass das Gefäß vom Frost „gesprengt" wird. Einige Clematis in Gefäßen benötigen nur Winterschutz bei extremen Frösten. Dazu zählen Clematis alpina, Clematis macropetala, Clematis intergrifolia und Clematis viticella.

November und Dezember sind die Monate in denen die Gefäße mit empfindlichen Clematis hereingeholt werden müssen! Kühl, frostfrei und luftig sollte jetzt der Standort sein. Auf zu viel Feuchtigkeit achten und nur mäßig gießen. Die neu wachsenden Triebe etwas leiten und ggf. aufbinden. Auf Schädlingsbefall besonders achten! Wenn sich das erste Wachstum einstellt, kann auch mit einer leichten Düngung begonnen werden.

Hier ein Beispiel, wie man mit einem Jutesack einen zweckmäßigen Winterschutz herstellt. Die Oberfläche des Topfes ist zusätzlich mit Pinienrinde abgedeckt. Ein gewisser Luftaustausch bleibt erhalten.

Garten, Hauswand oder Pergola

Die Winterruhe beginnt in diesem Monat.

Die richtige Zeit für den Rückschnitt aller sommerblühenden Clematis.

Clematis der Rückschnittgruppe 3 sollten jetzt so aussehen.

Clematis die nicht jetzt zurückgeschnitten werden, (atragene und montana) können in dieser Zeit sehr gut „in Form" gebracht werden. Ohne Laub lassen sich die Triebe am besten entzerren und in die gewünschte Lage bringen. Obgleich sie verholzt sind, bleiben sie elastisch. Schließlich noch fixieren, fertig!

An Zäunen lässt sich so ein besserer und gleichmäßiger Sichtschutz erzielen. Bei Gehölzen können die Triebe gut vereinzelt oder verteilt werden.

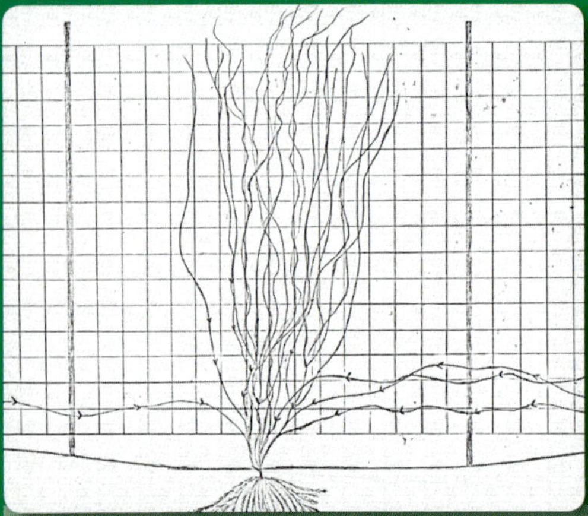

Triebe können in dieser Zeit gut „in Form" gebracht werden.

Auch an Zäunen und Flechtwänden lassen sich „Lücken" schließen. Die Vorjahrestriebe werden gleichmäßig an den Zaunelementen verteilt und fixiert.

Die letzten Clematisfrüchte können geerntet werden.

Zum Jahresausklang können Clematisfrüchte gut in Adventsgestecken verwendet werden.

Besuchen Sie einmal meinen Clematis-Schaugarten
im Hochsommer.

Vorbereitung und Pflanzung

Clematis lieben einen humusreichen, durchlässigen Erdboden. Schwere Böden sollten dann entsprechend verbessert werden. Das kann mit Kompost, Torf oder einer handelsüblichen Blumenerde geschehen. Das Pflanzloch sollte den Bodenverhältnissen angepasst werden. Ist der Gartenboden reich an Humus, dann genügt ein „Spatenstich“ als Pflanzloch-Größe. Ist der Pflanzbereich ungünstig, dann sollte man etwas mehr Aufwand betreiben. Je mehr „gute Pflanzerde“ verwendet wird, desto besser ist nicht nur das Anwachsen, sondern auch das weitere Wachstum. Viele Clematis wurzeln tief, das kann über einen Meter tief sein. Nach einigen Jahren sind die Wurzeln dort angekommen und finden auch in trockeneren Jahren hier Feuchtigkeit vor.

Die Pflanzung selbst ist kein großer Aufwand. Entfernen Sie den Pflanztopf vorsichtig. Wenn Clematis kräftig durchwurzelt sind, kann es nötig werden, den Topf der Länge nach aufzuschneiden um die Clematiswurzeln nicht zu beschädigen. An der Pflanzen-Basis befinden sich empfindliche, triebfähige Augen (Knospen). Das kann an oder eben unter der Erdoberfläche sein. Also Vorsicht damit sie nicht beim Austopfen beschädigt werden und abbrechen! Das ist besonders bei den Staudenclematis anzutreffen. Am besten keine Wurzeln abschneiden. Die Pflanztiefe ist abhängig von der Clematisgruppe. Die meisten Clematis können etwas tiefer gepflanzt werden. „Etwas tiefer“ heißt ca. 5 cm tiefer als Topfrand. Leicht andrücken und leicht angießen, nicht einschlämmen! Eine Düngung kann etwas später vorgenommen werden oder im Herbst ganz unterbleiben.

Ernährung (Wasser & Dünger)

Wasser: Clematis in ihrer Eigenart sind so unterschiedlich wie kaum eine andere Pflanze. Einige Arten sind durstig und können in ihren Wurzeln Wasser speichern, andere hingegen sind wasserscheu und reagieren sehr empfindlich auf viel Wasser!
Welche Clematis braucht viel und welche Clematis braucht wenig Wasser?
Die Clematis-Wurzeln geben hier Aufschluss zu dieser Frage.

links: Clematis alpina, rechts: Clematis viticella

Je feiner das Wurzelwerk ist, desto weniger Wasser benötigen sie.
Die starkwachsenden Clematis können an einem einzigen Tag im Hochsommer mehr als 5 Liter Wasser verbrauchen, da genügt es nicht ein wenig zu gießen und nur die Erdoberfläche zu befeuchten. Das Wasser muss an die Wurzeln und diese fangen erst in 30 cm Tiefe richtig an. In unseren Gärten sind die Gartenwege immer tiefer gelegen als die bepflanzten Beete, da wird es schwierig das Wasser dort zu halten wo es gebraucht wird!
Hilfreich ist eine **Begrenzung der Beete**.

Eine Tropfbewässerung ist eine gute Lösung, auch ohne eine Beeteinfassung. Alternativ kann der Gartenschlauch mit einer Absperreinrichtung am Grunde der Clematis gelegt werden, ein wenig öffnen und 15 – 30 Minuten langsam laufen- und durchfeuchten lassen. Eine Mulchschicht hilft Wasser zu sparen und hält eine Verdunstung niedrig. Wassermangel macht sich im Sommer bemerkbar, wenn die Blüten deutlich kleiner werden. Ein weiteres Anzeichen ist: Wenn die Triebe schnell verholzen und die unteren Blätter gelblich werden.
Clematis die wenig Wasser benötigen, z.B. Atragene, werden im Sommer nur mit Wasser, versorgt, wenn es längere Zeit nicht geregnet hat, oder die Pflanzstelle ständig trocken ist. Hat sich eine Clematis erst einmal etabliert, kommt der Bewässerung nicht mehr die große Bedeutung zu, wie bei einer Neupflanzung oder einer noch jungen Pflanze. Das eine Neupflanzung angegossen werden muss, steht außer Frage! Die Menge macht`s. Aussagen wie „gut einschlämmen“ oder vor der Pflanzung „eine Stunde ins Wasser stellen“ sind nicht hilfreich und kontraproduktiv! Es genügt „erdfeucht“, auch zu Einpflanzen.

Düngung: Ich werde oft nach Düngemitteln gefragt, „was düngen Sie“ oder „was soll ich nehmen“? Diese Frage ist nicht leicht zu beantworten, denn es gibt „zu viele Garten-Dünger“ die gut geeignet sind, nicht nur für Clematis sondern auch für viele andere Pflanzen.
Es sollte am besten ein Granulat mit Vorratswirkung sein (Depotdünger). Ob man sich für einen rein mineralischen Dünger, einen organischen Dünger oder einem Mischdünger entscheidet ist Einstellungssache. Es sollte ein Volldünger mit Spurenelemente sein. Es kann ein Dünger für Gartengehölze, Stauden oder Rosen verwendet werden.

Organischer Stickstoffdünger zur Ergänzung

Hornspäne

Organische Dünger haben in der Regel geringere Nährstoffgehalte als Mineralische Dünger und müssen daher höher dosiert werden oder öfter verabreicht werden.

Oscorna Animalin

Diese organischen Dünger haben sowohl eine Sofortwirkung als auch eine Dauerwirkung. Verbrennungen durch Überdüngung sind selten und können weitgehend ausgeschlossen werden. Für eine optimale Wirkung muss eine gute Bodentemperatur und Bodenfeuchtigkeit vorhanden sein! Das muss man bei diesen Düngern bedenken. Eine Einarbeitung in den Erdboden verbessert die Wirkung. Organische Dünger haben einen positiven Einfluss auf das Bodenlebewesen und unterstützen die Humusbildung.

Mineralische Depotdünger gibt es in verschiedenen Vorratsstufen. Die heutigen High-Tec-Dünger können bis 12 Monate, und darüber hinaus, wirken. Solche Langzeitdünger werden vorwiegend in den Containerbaumschulen verwendet. Es genügt in unseren Gärten ein Präparat was zwischen 2 – 6 Monate wirkt. Die zahlreichen Dünger haben unterschiedliche Wirkungsmechanismen die zum Tragen kommen. Depotdünger der neuen Generation sind umhüllt und enden in der Regel mit *..cote*. Hier ist die Nährsubstanz in kleinen Kügelchen eingeschlossen und wird nach und nach freigegeben. Je nach Düngertyp von 2-3, 4-6, 7-9, oder bis zu 12 Monate. Eine Einarbeitung verbessert die Wirkung deutlich.

Osmocote

Andere Depotdünger sind Granulate, die sich nach und nach auflösen, bis sie schließlich nicht mehr sichtbar sind. Hier ist die Wirkungsdauer meist zwischen 2-3 Monate lang.

Mannalong

Bei solchen Düngern empfiehlt es sich, sie zweimal in der Saison anzuwenden. Eine ausreichende Wirkung wird hiermit auch dann erzielt, wenn diese Dünger auf der Erdoberfläche liegen bleiben. Mit jeder Bewässerung oder Regen, dringt dann ein Teil der Nährsubstanz in den Boden und gelangt schließlich zu den Wurzeln.

Mineralische Sofortdünger

Novatec Classic (Blaukorn)

gibt es als Granulate zum Streuen oder als **Nährsalze** die im Wasser aufgelöst werden.

Universol (Nährsalz)

Sie wirken besonders schnell und haben keine Depotwirkung. Für **Flüssigdünger** gilt das gleiche. Schnellwirkende Dünger können gezielt oder ergänzend eingesetzt werden um vorübergehende Mangelerscheinungen zu beheben. Bei einigen Gartenböden können einzelne Hauptnährstoffe oder Spurenelemente fehlen. Je nach Säuregehalt (PH Wert) des Bodens können diese Nährstoffe festgelegt sein und stehen den Pflanzen nicht mehr zur Verfügung. Hier kann nur eine Bodenanalyse Aufschluss geben.

Dosierung und Zusammensetzung: Bei allen Düngern sollte man stets nach Herstellerangaben dosieren und verabreichen. Das beugt Verbrennungen vor und schont gleichzeitig die Umwelt, besonders das Grundwasser.

Am besten sind **Volldünger** geeignet, die ausgeglichene Hauptnährstoffgehalte haben. Das Verhältnis von N-P-K sollte annährend gleich sein. N-P-K (Stickstoff, Phosphat, Kali). Die Nährstoffgehalte von Volldüngern sind immer in einer dreier-Zahlenreihe ausgedrückt und geben die prozentualen Gehalte an. (z.B. 10-12-10). Je größer die Zahlen sind, desto nährstoffreicher ist der Dünger! Alle gebräuchlichen Dünger haben neben den Hauptnährstoffen auch ausreichend wichtige Spurenelemente.

Kletterhilfen

Clematis benötigen eine Kletterhilfe. Dafür gibt es unzählige Möglichkeiten. Nicht zuletzt entscheidet man selbst was in dem jeweiligen Garten am besten passt. Die kletternden Clematis können sich an allem festhalten was sich ihnen bietet. Gleichgültig aus was für einem Material die Kletterhilfe besteht. Ob freistehend im Garten oder angelehnt an einer Wand. Es können natürlich auch andere Gartenpflanzen sein, die den Clematis Hilfestellung oder Klettermöglichkeiten bieten.

Eine gewisse Ausnahme bilden die Staudenclematis. Sie halten sich nicht von alleine fest. Da sollte etwas mehr Aufwand betrieben werden. Für einen optimalen Effekt benötigt man eine „ringförmige" Stütze, die sowohl freistehend im Garten oder in Gefäßen zum Einsatz kommen kann.

Selbstgefertigte Hocke als Kletterhilfe im Schaugarten (Clematis-Westphal, Prisdorf)

Diese Fallrohr-Verkleidung ist perfekt zur Begrünung.

Holzpfosten mit Kletterhilfen gibt es in diversen Ausführungen im Gartencenter oder auf Gartenfestivals.

Ein abgestorbener Baum kann Dekoration und Kletterhilfe in Einem sein.

Aus Weidenzweigen gefertigter Obelisk kann individuell hergestellt werden.

Holzelemente vor einer Ziegelsteinwand. Hier auf der Landesgartenschau Eutin, 2016.

Hausfassade im Eingangsbereich mit der Dachrinne als Kletterhilfe.

Neuartige Fächerspaliere aus Holz gibt es in verschiedenen Größen und Formen.

Vorgefertigte V-förmige Holzspaliere gibt es in allen Baumärkten.

Schraubösen sind eine gute Lösung um Spanndrähte an Mauern zu befestigen.

Anspruchsvolle Obelisken in der gehobenen Preisklasse.

Rückschnitt der Clematis

Grundsätzlich kann man alle Clematis zurückschneiden, nur zu unterschiedlichen Jahreszeiten! Es ist wichtig zu wissen warum und wann überhaupt zurückgeschnitten werden sollte. Kurz gesagt: Sie holen das Beste aus Ihren Clematispflanzen heraus.
Individuelle Wünsche und Gegebenheiten vor Ort können dabei berücksichtigt werden. Die Kriterien dafür können unterschiedlich sein. Man kann die Größe, die Dichte, die Blütezeit, die Blütenfülle und die ganze Optik der Clematis beeinflussen. Nicht zuletzt ist ein richtiger Rückschnitt auch förderlich für die Gesunderhaltung vieler Clematis.

Clematis-Fachleute haben sich auf drei verschiedene Rückschnittgruppen geeinigt, in denen alle Clematis eingeordnet werden können. Dabei ist es völlig unerheblich ob es sich um ältere oder jüngere Pflanzen handelt. Gleichgültig ist auch, ob es sich um alte Sorten, Neuheiten, Hybriden oder Wildarten handelt. Das Prinzip ist einfach und für jeden Gartenfreund leicht verständlich.
Gefüllt blühende Clematis Hybriden finden wir in der Rückschnittgruppe 2. Die Füllung selbst kann unterschiedlich, je nach Sorte ausgeprägt sein. Weitere Faktoren beeinflussen ebenfalls eine mehr oder weniger dichte Füllung: Dazu gehören, die Ernährung, die Stärke der Triebe, die Winterruhe, der Rückschnitt, das Alter der Clematis und weitere Einflüsse. Unter günstigen Bedingungen können Clematis, die immer nur ungefüllt (einfach) geblüht haben, urplötzlich auch gefüllt oder halbgefüllt blühen. Dafür ist eine optimale Winterruhe nötig, die lange andauert ohne extrem tiefe Temperaturen.

Rückschnittgruppe 1

Termin: Mai - Juni
Rückschnitt in den Monaten Mai oder Juni auf ein individuelles Maß, das jeder selbst bestimmen kann.
Damit ist eigentlich schon alles gesagt!

Ich habe mich nie richtig damit abfinden können mit der Aussage:
Rückschnittgruppe 1, nicht zurückschneiden, aber wenn nötig gleich nach der Blütezeit….
Dieser Satz hatte schon einen gewissen Widerspruch in sich! Eine Änderung ist also schon lange überfällig.
Die Clematis montana und atragene (alpina und Verwandte) fallen in diese Rückschnittgruppe. Die richtige Zeit des Rückschnittes ist entscheidend, wie ich es auf der linken Spalte kurz angeführt habe. Das Zeitfenster ist auf nur zwei Monate beschränkt! Verpasst man diesen Zeitpunkt, geht ein volles Jahr verloren oder eine ganze Blütezeit!
Junge Clematispflanzen können regelmäßig, auch tief, zurückgeschnitten werden. Die Rückschnitttiefe kann dabei selbst bestimmt werden.
Bei älteren Pflanzen sollte ein tiefer Rückschnitt vermieden werden, besonders dann, wenn jahrelang nicht zurückgeschnitten wurde. Hier kann ein Teilrückschnitt durchgeführt werden.

Ein Beispiel: Clematis montana können mächtige Pflanzen werden, die neben vielen Trieben auch stattliche Gewichte erreichen können. Hier kann das „Dickicht" ausgedünnt werden. Man sollte einige „Kernhaupttriebe" dabei erhalten. Das hilft den neuen jungen Trieben um sich wieder festzuhalten. An einer Pergola ist das besonders hilfreich weil starke Pfosten alleine wenig Kletterhilfe bieten. Teilbereiche oder Teillängen lassen sich auch gut zurückschneiden. Ein Formschnitt kann neue Strukturen schaffen oder alte Strukturen wieder sichtbar machen. Alle diese Maßnahmen beinhalten einen wichtigen Zweck, dass der Saftstrom aus den Wurzeln entlastet wird und die Clematis nicht daran „verbluten".

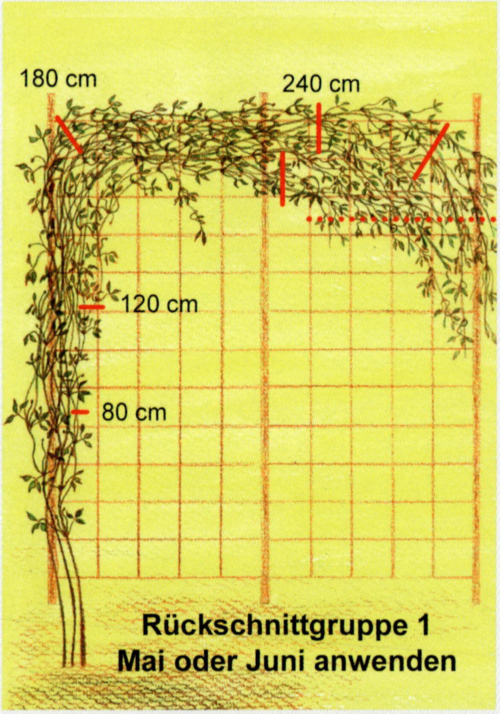

Rückschnittgruppe 2

Termin: November - Anfang März

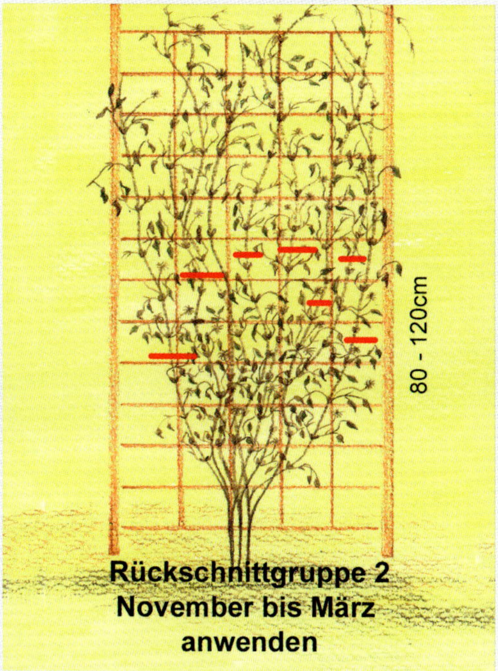

Diese Rückschnittgruppe wendet man ausschließlich bei den großblumigen, zweimal blühenden Clematis Hybriden an. Clematis dieser Gruppe blühen schon früh im Mai/ Juni mit dem ersten Blütenflor. Die Blüten erscheinen an den Kurztrieben, sind dicht beieinander, über die ganze Clematis verteilt und bilden eine überwältigende Blütenfülle aus. Die Blüten sind so zahlreich, dass das Laub dieser Clematis kaum sichtbar bleibt. In dieser Rückschnittgruppe finden wir die meisten gefüllt blühenden Clematis Hybriden wieder!

Naturgemäß bilden sich Fruchtstände nach der ersten Blütezeit aus. Diese Früchte (Nüsschen) sind silbrig oder goldgelb gefärbt und bilden einen eigenen Zierwert. Alles hat zwei Seiten wie so oft im Leben! Früchte erhalten oder entfernen? Wäre da nicht der zweite Blütenflor, der sich ab Ende Juli, August und September einstellen soll? Belässt man die Früchte an den Pflanzen, gibt es kaum Kraft für neue junge Triebe, die dann auch reichhaltig blühen können. Einige Sorten haben die gute Eigenschaft, gleichzeitig sowohl Früchte als auch Blütentriebe auszubilden. Andere Sorten sind da eher träge und machen ein Eingreifen erforderlich. Früchte entfernen durch einen „leichten Sommerschnitt". Nach wenigen Wochen sind neue Triebe sichtbar, die wieder Blüten tragen.

Die Rückschnitthöhe / Rückschnitttiefe kann flexibel gehandhabt werden. Bei jüngeren Pflanzen sollte es 50-80 cm über dem Erdboden sein. Bei älteren Pflanzen zwischen 80-150 cm. Hier kann auch ein Teilrückschnitt ausgeführt werden. Um ein vorzeitiges vergreisen der Clematis zu verhindern, sollte man regelmäßig alle 4-5 Jahren einmal tief zurückschneiden. Das können dann ca. 30-50 cm über dem Erdboden sein. Auch wenn schon sehr viele verholzte Triebe vorhanden sind. Ziel dieser Maßnahme ist es, die Clematis lange Zeit vital zu halten.

Rückschnittgruppe 3

Termin: November – Anfang März

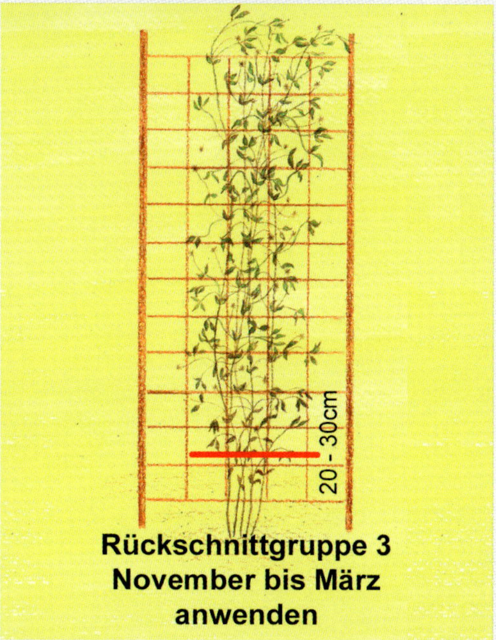

Rückschnittgruppe 3 ist wohl die einfachste Art und Weise eine Clematis zurückzuschneiden!

Alle Triebe werden nah dem Erdboden zurückgeschnitten. Bei Staudenclematis z.B. kann das 5 cm über dem Erdboden sein. Alle kletternde Clematis kürzt man bis auf 20-30 cm über dem Erdboden ein. Bei älteren Pflanzen kann man ca. 40-50 cm stehen lassen. In die Rückschnittgruppe 3 fallen auffällig viele Clematis, sicherlich die meisten kleinblumigen Arten und Sorten. Alle sommerblühenden Clematis Hybriden fallen ebenfalls in diese Gruppe.

Sommerblühend heißt, die Blütezeit setzt nach dem 1. Juni ein.

Krankheiten und Schädlinge

Clematiswelke:

Phoma Clematidinia, ist die gefürchtete und bekannte Clematis Krankheit überhaupt. Bis heute gibt es keine akute chemische Bekämpfung. Nur vorbeugend kann etwas dagegen getan werden. Es ist bekannt, dass nur großblumige Clematis Hybriden daran zu Grunde gehen können. Die botanischen Arten und deren Sorten können auch infiziert werden, gehen aber sehr selten an dieser Krankheit zu Grunde. Bei einigen Arten äußert sich eine Infektion durch unregelmäßige Blattflecke. Eben auch bei Clematis Hybriden beginnt diese Krankheit mit diesen typischen Flecken. In Jahren mit vielen Niederschlägen hat die Clematiswelke sehr gute Bedingungen um sich rasch auszubreiten. Die Blattunterseite ist am meisten gefährdet. Es kann eine Infektion durch Spritzwasser vom Erdboden ausgehen. Die unteren Blätter der Clematis weisen dann zuerst diese typischen Flecke auf. Phoma ist am häufigsten an den Blättern der Clematis zu finden. Aber auch Stängel und Wurzeln können befallen werden. Verletzungen jeglicher Art sind Eintrittspforten für Clematiswelke. Auch die Temperatur spielt hier eine wichtige Rolle! Diese Krankheit benötigt eine Temperatur von mehr als 20° Celsius. Fazit: Je kühler desto besser!

Es gibt noch andere Krankheiten, die eine „Welke" verursachen können. Es sind **Fusarium, Pythium, Phytophthora** oder **Rhizoctonia**. Die Symptome sind ähnlich der Phoma-Infektion. Diese Pilzinfektionen haben nicht so eine große Bedeutung und kommen selten bei den Clematis Hybriden vor. Diese Erkrankungen finden wir eher bei den atragenen Clematis, wenn der Erdboden sehr feucht ist. (Staunässe)

Mehltau:

Am häufigsten kommt bei Clematis „Echter Mehltau" vor. Der schneeweiße Pilzrasen auf den Blättern wird in den Sommermonaten deutlich sichtbar. Abhilfe können verschiedene Fungizide leisten, die auch bei Rosen und anderen Zierpflanzen zugelassen sind. Bei Clematis fängt der Mehltau häufig an den Stängeln an. Er breitet sich über die Blätter aus und befällt im Endstadium sogar die Blüten. „Falscher Mehltau" tritt nur selten auf. „Falscher Mehltau" erkennt man an einem grauen Schimmelbelag vorwiegend an der Blattunterseite. Auch hier gibt es Mittel zu Bekämpfung im Fachhandel.
Weitere Blattflecken Erkrankungen wie **Septoria** oder **Alternaria** können vorkommen. Mittel, die gegen Blattflecken zugelassen sind, können hier eingesetzt werden.

Grauschimmel, Botrytis

Diese Pilzerkrankung kommt besonders in der lichtarmen Jahreszeit vor. Man erkennt den Grauschimmel deutlich an dem haarigen, grauen Pilzrasen. Es handelt sich hierbei um einen Schwächeparasit, der vorwiegend abgestorbenes Pflanzenmaterial oder geschwächte Pflanzen befällt.

Schädlinge

Nacktschnecken:

Als Clematisfeinde Nr. 1 kann man die Nacktschnecken bezeichnen. Sie können großen Schaden an der Clematis verursachen. Besonders die noch jungen Clematistriebe sind gefährdet. Als nachtaktive Schädlinge verstecken sie sich am Tage unter Steinen, Blättern oder anderen Materialien, die Unterschlupf bieten. Häufig finden wir die Schnecken auch unter den bepflanzten Gefäßen.

Kleine Nacktschnecken schädigen selbst die Blüten oben an den Pflanzen.
Bekämpfung ist mit verschiedenen Ködermitteln möglich.

Wichtig zu wissen!
Unter den Nacktschnecken gibt es auch „nützliche Helfer". Der **Tigerschnegel**

Er frisst andere Nacktschnecken und deren Eier auf. Ferner lebt er nur von abgestorbenen Pflanzenteilen und von Pilzen. Nicht von grünem Pflanzenmaterial!
Man sollte ihn auf gar keinen Fall beseitigen. Achten Sie bei dem nächsten Gartenrundgang darauf. Nacktschnecke ist nicht gleich Nacktschnecke. Leider wissen das noch viel zu wenig Gartenbesitzer! Umdenken ist hier also gefragt.

Blattläuse:

Wir haben es in unseren Gärten vorwiegend mit der grünen Pfirsichblattlaus oder der schwarzen Bohnenblattlaus zu tun.
Beide Arten schädigen durch saugen an den jungen Pflanzenteilen. Sie bevorzugen

weiche und junge Triebe oder Blätter. In den ersten warmen Frühjahrstagen schlüpft die erste Generation aus den Wintereiern. Diese erste Generation ist geflügelt und verbreitet sich dann schnell überall in unseren Gärten. Nützlinge, wie z.B. Meisen vertilgen eine große Anzahl von Blattläusen.

Rüsselkäfer und Larven:

Mehr und mehr kann ich Schäden durch Dickmaulrüssler beobachten. Zahlreiche Gartenpflanzen können geschädigt werden.
Besonders häufig kommen sie an hartblättrigen Pflanzen vor. Das sind z.B. Rhododendron, Kirschlorbeer oder Ilex. Sie hinterlassen der typischen Buchtenfraß an den Blatträndern. Der Käfer ist Nachtaktiv und am Tage nicht auszumachen. Die Larven schädigen die Wurzeln und Teile davon.
Auch der Wurzelhals kann angefressen werden. Die befallenen Pflanzen kümmern und wachsen nicht mehr sichtbar. Die Bekämpfung ist mit Nematoden in den Sommermonaten möglich.

Spinnmilben:
(Rote Spinne) Sie kommen besonders im Hochsommer vor. Sie lieben sonnige und trockene Plätze. Die Schädigungen zeigen sich zuerst an den unteren älteren Blättern. Sie werden zunächst blassgrün und weisen anfangs kleine weißliche Pünktchen auf. Später werden die Blätter gelb und schließlich braun. Im Endstadium sind feine Spinnenweben zu erkennen, die sich später über die ganzen Pflanzen verteilen.

Raupen:
Raupen von verschiedenen Schmetterlingen, Motten oder Nachtfaltern, verursachen „Fensterfraß" an vielen Zierpflanzen. Auch Triebspitzen bleiben nicht verschont. Das Schadbild ist leicht zu erkennen. Die Raupen sind häufig grün oder graugrün gefärbt und sind sehr gut getarnt. Meist befinden sie sich an der Blattunterseite. Dort werden auch die Eier abgelegt.

Nagetiere:
Feldmäuse, Hausmäuse und besonders Wühlmäuse können Schäden an Clematis verursachen. Feld- oder Hausmäuse schädigen Clematis, indem sie die Triebe eben über dem Erdboden durchtrennen bzw. abfressen. Dabei wird das Mark der Stängel als Nahrung genutzt und die verbliebenden holzigen Rindenteile als Nestmaterial verwendet. In den Wintermonaten, wenn das Nahrungsangebot gering ist, werden die jungen Augen oder Knospen regelrecht herausgefressen.
Wühlmäuse sind eher unauffällig und nagen „unsichtbar" unter der Erdoberfläche an den Wurzeln vieler Pflanzen. Die Folgen sind

Kümmerwuchs oder Totalausfall. Wer Löcher in der Nähe seiner Clematis entdeckt, sollte jetzt besonders aufmerksam sein.

Sortenübersicht

Sortenübersicht

Sachregister

Bezugsquellen

Clematispflanzen

Clematiskulturen
F.M. Westphal
Peiner Hof, Peiner Hag 45
25497 Prisdorf
Tel. 04101 74104
E-Mail: kontakt@clematis-westphal.de
www.clematis-westphal.de

Obelisken in eigener Herstellung

Clematiskulturen
F.M. Westphal
Peiner Hof, Peiner Hag 45
25497 Prisdorf
Tel. 04101 74104
E-Mail: kontakt@clematis-westphal.de
www.clematis-westphal.de

Biologischer Pflanzenschutz, Pflanzenpflege und Dünger

W. Neudorff GmbH KG
An der Mühle 3
31860 Emmerthal
E-Mail: info@neudorff.de
www.neudorff.de

re-natur GmbH
(Biologischer Pflanzenschutz)
Am Pfeifenkopf 9
24601 Stolpe
Tel. 0049 (0)4326-986-10
E-Mail: aquaterra@re-natur.de
www.re-natur.de

Garten Dekoration

Hammerich – Antiquitäten und Modernes Wohninterieur
Alte Oberförsterei auf Gut Panker
D-24321 Panker
Tel.: 0049 (0)4381-404 950,
info@hammerich-moderneswohnen.de
www.hammerich-modernes-wohnen.de

Classic Garden Elements Vertriebs GmbH
Im Lorsbachtal 29
D-65719 Hofheim am Taunus
Tel. 0049 (0) 6192 900475
E-Mail: cge@classic-garden-elements.de
www.classic-garden-elements.de